みんなの日本語

初級II 第2版

Minna no Nihongo

प्राथमिक जापानी भाषा II
अनुवाद र व्याकरण व्याख्या-नेपाली

翻訳・文法解説
ネパール語版

スリーエーネットワーク

Published by 3A Corporation.
Trusty Kojimachi Bldg., 2F, 4, Kojimachi 3-Chome, Chiyoda-ku, Tokyo 102-0083, Japan

ISBN978-4-88319-945-7 C0081

First published 2024
Printed in Japan

प्रस्तावना

यस『मिन्नानो निहोन्गो』पुस्तक शिर्षक अनुसार, पहिलो पटक जापानी भाषा पढ्ने व्यक्ति जो कोहि पनि रमाएर पढ्न सक्ने, त्यसमाथि सिकाउने व्यक्तिले पनि रोचक तरिकाले सिकाउन सक्नेगरी ३ बर्षभन्दा बढी लगाएर योजना तथा सम्पादन गरिएको『सिन निहोन्गोनो किसो』भगिनी संस्करण पनि भन्न मिल्ने विश्वसनीय पुस्तक हो ।

पाठकवृन्दलाई जानकारी भए जस्तै『सिन निहान्गोनो किसो』प्राविधिक प्रशिक्षार्थीहरुको लागि सम्पादन गरिएको पुस्तक भएता पनि, पहिलो चरणको जापानी भाषा पुस्तकको लागि चाहिने सबै विवरण छोटो समयमा जापानी भाषामा कुराकानी गर्न, सिक्न चाहने विधार्थीको लागि उत्कृष्ट भएको कारण, अहिले पनि देशभित्र मात्र नभएर विदेशमा पनि उत्तिकै व्यापक रुपमा प्रयोग हुँदै आइरहेको छ ।

हालैका दिनहरुमा, जापानी भाषा शिक्षा बृहत रुपमा विविधता हुँदै आइरहेको छ । अन्तर्राष्ट्रिय सम्बन्धको विकास संगसंगै, विभिन्न देश र व्यक्तिसंगको सम्बन्धको विकासमा प्रगाढ हुँदै, विभिन्न पृष्ठभुमि र लक्ष्य बोकेका विदेशीहरुलाई जापानी समाजले पनि स्वीकार गर्दै आइरहेका छन् । यस प्रकार विदेशीहरुको वृद्धि संगै, जापानी भाषा शिक्षाको सामाजिक परिवेशमा भएका परिवर्तन तथा क्षेत्र अनुसारको जापानी भाषा शिक्षाको क्षेत्रमा पारेको प्रभाव र अध्ययनको आवश्यकता अनुसार विविधिकरण, जस्ता आवश्यकतालाई व्यक्ति विशेष अनुकूलताको खोजी भईरहेको बुझ्न सकिन्छ ।

यस खालको समय सापेक्षमा, हाम्रो कम्पनी थ्री ए नेटवर्कले स्वदेश तथा विदेशमा धेरै बर्षदेखि निरन्तर जापानी भाषाको शिक्षा नीतिलाई कार्यान्वयनमा सरिक धेरै व्यक्तित्वहरुको राय र सुझावलाई मनन गर्दै『मिन्नानो निहोन्गो』प्रकाशन गरियो अर्थात्『मिन्नानो निहोन्गो』ले『सिन निहोन्गोनो किसो』को सरल विशेषता, विषय र पढ्ने तरिकाहरुको मर्मलाई कायम राखि, संवादको दृश्य र पात्र ईत्यादी, प्रशिक्षार्थीहरुको विविधितालाई सुहाउने जवाफका साथ, अझै बहु उपयोगी गराउँदै, देशभित्र र बाहिरका विभिन्न प्रशिक्षार्थी र विभिन्न क्षेत्रको विशेषतालाई असर नपर्ने गरी, जापानी भाषाको अध्ययन रमाईलो गर्दै अगाडी बढ्न सकियोस् भनेर बिषयवस्तुलाई सुधार र विकास गरिएका छन् ।

『मिन्नानो निहोन्गो』ले कार्यालयदेखि परिवार, विद्यालय, सामाजिक क्षेत्र लगायतका ठाउँहरुमा तुरुन्तै जापानी भाषामा संवादको आवश्यकता पर्ने सबै विदेशीहरुलाई लक्षित गरेका छन् । प्राथमिक स्तरको पाठ्य-पुस्तक भएतापनि, समावेश गरेका विदेशी र जापानी पात्रहरुसंगको अन्तरक्रिया, सकेसम्म जापानको वर्तमान अवस्था र सामाजिक परिवेश, दैनिकीलाई प्रतिविम्वित हुने गरी राखिएका छन् । मुख्यतः सामान्य कर्मचारीलाई लक्षित गरिएको भएतापनि, उच्चशिक्षा प्रवेशिका तयारी पाठ्यक्रम, अथवा व्यवसायिक विश्वविद्यालयहरुको छोटो अवधिका गहन पाठ्यक्रम (कोचिङ पाठ्यक्रम) को लागि पनि सिफारिस गर्न सकिने पुस्तक हो ।

अझै फेरि, हाम्रा कम्पनीले प्रशिक्षार्थीको विविध आवश्यकताको परिपूर्ति गर्ने हेतुले, यस पछि पनि निरन्तर पाठ्य पुस्तकलाई सक्रिय रुपमा प्रकाशित गर्दै जाने वाचा सहित, यहाँहरुको अपरिवर्तनिय माया र साथ-सहयोगको लागि अनुरोध गर्दछौं ।

अन्तमा, यस पुस्तकको सम्पादनका क्रममा प्राप्त चौतर्फी राय-सुझाव, तथा कक्षामा अभ्यासको लागि प्रयोग आदिका माध्यमबाट विभिन्न सहयोग प्राप्त भयो । त्यसको लागि तपाईंहरु सबैप्रति हार्दिक कृतज्ञता व्यक्त गर्न चाहन्छौं । आउँदा दिनहरुमा पनि थ्रि ए नेटवर्कले जापानी भाषा पाठ्य-पुस्तकको प्रकाशन ईत्यादिको माध्यमबाट, व्यक्ति-व्यक्तिबिचको परस्पर सम्बन्धलाई संसारभर फैलाउँदै जान चाहन्छौं ।

तपाईंहरुको साथ-समर्थन र प्रोत्साहनको लागि फेरि पनि अनुरोध गर्दछौं ।

इवाओ ओगावा

अध्यक्ष र सी ई-ओ थ्री ए नेटवर्क

सन् १९९८ जुन

प्रस्तावना दोस्रो संस्करण

『मिन्नानो निहोन्गो स्योक्यु』 (दोस्रो संस्करण) प्रकाशन सम्बन्धी

『मिन्नानो निहोन्गो स्योक्यु दोस्रो संस्करण』 प्रकाशन गर्ने निर्णय गरियो । 『मिन्नानो निहोन्गो स्योक्यु』 प्रस्तावनामा उल्लेख गरिए जस्तै, प्राविधिक प्रशिक्षार्थीहरुको लागि विकास गरिएको र 『सिन निहोन्गो किसो』 को भगिनी संस्करण भन्नु उपयुक्त हुनेछ ।

यस पुस्तकको पहिलो संस्करण सन् १९९८ मार्चमा भएको हो । जुन बखत, अन्तर्राष्ट्रिय सम्बन्धको बिकाससंगै, जापानी भाषा शिक्षा सम्बन्धी सामाजिक परिवेश पनि परिवर्तन भई तीव्र रुपमा वृध्दि भएका प्रशिक्षार्थी र तिनका उद्देश्य, साथै आवश्यकताको उल्लेखनिय विविधिकरण भएसंगै ती सबैको अलग-अलग मागहरु बढ्न थालिएको थियो । श्री ए नेटवर्कले देश भित्र र बाहिरको जापानी भाषा शिक्षाको क्षेत्रबाट बटुलेका अनुभव र अनुरोधलाई मध्यनजर लगाई 『मिन्नानो निहोन्गो स्योक्यु』 लाई प्रकाशनमा ल्याइयो ।

『मिन्नानो निहोन्गो स्योक्यु』 ले विषय र अध्ययन गर्ने तरिकाको सरलिकरण, प्रशिक्षार्थीहरुको विविधिकरणलाई ध्यानमा राखि बहु उपयोगी तथा शिक्षण सामग्रीका रुपमा पर्याप्त विवरणहरु समावेश गरी, छोटो र छिटो जापानी भाषाको संवाद सिक्न उत्कृष्ट र प्रभावशाली पुस्तकका रुपमा १० वर्षभन्दा बढि समय देखि प्रयोग हुँदै आइरहेको छ । तर भाषा आफैं समय संगसंगै परिवर्तनशील हो । यस बिचमा विश्व अनि जापान पनि अशान्त भित्रनै रुमलिरहयो । बिशेषगरी केहि बर्षदेखि जापानी भाषा प्रशिक्षार्थीहरुको वरिपरिको अबस्थामा ठूलो परिवर्तन भयो ।

यसप्रकारका अवस्थालाई आधार मानेर, यसपटक हाम्रो कम्पनीले विदेशीहरुको लागि जापानी शिक्षामा योगदान हेतु, प्रकाशन र प्रशिक्षण परियोजनाहरुको अनुभव, तथा प्रशिक्षार्थी र शैक्षिक क्षेत्रबाट संकलित सबै राय र सुझाव प्रश्नहरुको जवाफी प्रकाशनको रुपमा 『मिन्नानो निहोन्गो स्योक्यु I · II』 लाई पुनरावलोकन गरी आंशिक संशोधन गरिएको छ ।

संशोधनका मुख्य आधार, शैक्षिक परिचालन क्षमताको सुधार र समयसंग मेल नखाने शब्द या परिदृश्यको परिवर्तन रहेको छ । प्रशिक्षार्थीहरु र शैक्षिक क्षेत्रको रायलाई सम्मान गर्दै अहिलेसम्मको 「पढ्न सजिलो सिकाउन सजिलो」 पुस्तकको मूल संरचनालाई यथावत राख्दै, अभ्यास वा प्रश्नोत्तरको मात्रालाई उल्लेख्य रुपमा बढाईएको छ । निस्क्रिय भई केवल निर्देशन अनुसार मात्र अभ्यास गर्ने नभई, स्वयं सेरोफेरोको अवस्थाको जानकारी लिई, विचार गरी अभिव्यक्त गर्न अभिप्रेरित दिने काममा जोड दिईएको छ । त्यसको लागि, उल्लेख्य मात्रामा चित्र प्रयोग गरिएको छ ।

तसर्थ, यस पुस्तकको संकलनको सन्दर्भमा प्राप्त हरेक क्षेत्रको राय, कक्षामा अभ्यास पुस्तिकाको रुपमा प्रयोग आदि, अनगिन्ती सहयोगको लागि हार्दिक धन्यवाद व्यक्त गर्न चाहन्छौं । यस कम्पनीले आउँदा दिनहरुमा पनि जापानी भाषा प्रशिक्षार्थीहरुका लागि आवश्यक कम्यूनिकेशन (सञ्चार) मा मात्र नभई व्यक्तिहरुबिच अन्तर्राष्ट्रिय गतिविधिहरुमा पनि योगदान गर्न सक्ने सामग्रीहरुको बिकास गरी, सरोकारवालाहरु लाभान्वित हुने

छन् भन्ने आशा लिईएको छ । साथै भविष्यमा पनि यहाँहरुको समर्थन र रचनात्मक सुझावको अपेक्षा गर्दछौं ।

ताकुजी कोवायासी
अध्यक्ष
थ्री ए नेटवर्क कम्पनी
सन् २०१३ जनवरी

यस पुस्तक प्रयोगकर्ताहरुका लागि

I. संरचना

『**मिन्नानो निहोन्गो स्योक्यु II दोस्रो संस्करण**』मा『**यस पुस्तकमा (संलग्न सि डी)**』『**अनुवाद र व्याकरण व्याख्या**』अनुसार बनाईएको छ ।『अनुवाद र व्याकरण व्याख्या』अंग्रेजी भाषाबाट शुरु गरी अन्य १२ भाषामा छाप्ने योजना गरिएको छ ।

यस पुस्तकमा जापानी भाषाबाट कुरा गर्नु, सुन्नु, पढ्नु, लेख्नुका चार कौशलहरु सिक्न सक्ने लक्ष्य गरेर संरचना गरिएको छ । तर हिरागाना, काताकाना र खान्जी इत्यादि अक्षरहरु पढ्ने, लेख्ने तरिका『यस पुस्तक』『अनुवाद र व्याकरण व्याख्या』समावेश गरिएको छैन ।

II. विवरण

१. यस पुस्तक

१) यस पाठ

पाठ『मिन्नानो निहोन्गो स्योक्यु I दोस्रो संस्करण』(पुरा २५ पाठ) बाट निरन्तर पाठ २६ बाट पाठ ५० सम्म रचना गरिएको, बिषयबस्तु तलका अनुसार छुट्याइएको छ ।

(१) वाक्यको संरचना

पाठ अनुसार अध्ययन गर्ने आधारभूत वाक्य संरचना प्रकाशित गरिएको छ ।

(२) वाक्यको उदाहरण

आधारभूत वाक्य संरचना वास्तवमा कसरी प्रयोग गरिएको छ, छोटो संवादको रुपमा देखाइएको छ । साथै नयाँ क्रिया-विशेषण र संयोजकको प्रयोग गर्ने तरिका या आधारभूत वाक्य संरचना बाहेक अध्ययनको मुख्य भाग देखाइएको छ ।

(३) संवाद

संवादमा जापानमा जीवनयापन गरिरहेका विदेशीहरु समावेश गरी विभिन्न अवस्थाहरु देखाएका छन् । हरेक पाठमा विवरणहरु थपि हरेक दिन प्रयोग गर्ने अभिवादनहरु इत्यादि अभिव्यक्तिहरु प्रयोग गरी संरचना गरिएको छ ।

समय भएमा『अनुवाद र व्याकरण व्याख्या』भित्रको शब्दावलिका सन्दर्भ उपयोग गरी संवादमा विकशित गर्दै लान सकिन्छ ।

(४) अभ्यास

अभ्यास A, B, C का तीन चरणमा छुट्याइएको छ ।

अभ्यास A मा, व्याकरणीय बनावटलाई बुझ्न सजिलो हुने, देखिने गरी प्रकाशन गरिएको छ । मुख्य रुपमा वाक्य संरचना स्थापना गर्न, संयोजक बनाउने तरिका, जोड्ने तरिका इत्यादि पढ्न सजिलो होस् भनि विचार गरिएको छ ।

अभ्यास B मा, विभिन्न अभ्यासको रुपहरु ल्याइएको छ । आधारभूत वाक्य स्थापना गर्न जोड दिइएको छ । (➡) यस्तो चिन्हले, चित्रको अभ्यास भनेर वर्णन गराउँदछ ।

अभ्यास C मा, कुराकानी राम्रो गराउने अभ्यास हो । प्रस्तुत गरीएका संवादको शब्दमा कोरिएको धर्कोमा नयाँ शब्द राखी अभ्यास गराउने हो तर, केबल नयाँ शब्द राखी अभ्यासगर्ने मात्र नभई, उदाहरण वाक्यको सट्टामा प्रयोग गरिने तरिका अध्ययनकर्ताको अवस्थालाई मिल्ने अनुसार परिवर्तन गरी, बिषयबस्तुलाई वयानगरी, त्यसबाहेक अबस्थालाई बिकास गरी अभ्यास गरोस भन्ने आशा राख्दछु ।

साथै, अभ्यास B, अभ्यास C को उत्तरको उदाहरणलाई, अर्को संग्रहमा संकलित छ ।

(५) अभ्यास प्रश्न

अभ्यासमा सुन्ने अभ्यास, व्याकरण अभ्यास, पढ्ने अभ्यास तथा बिकासका बिषयहरु छन् ।

सुन्नेमा छोटो प्रश्नमा उत्तरदिने अभ्यास र छोटो संवाद गरेको सुनेर सुनेका मुख्य बुँदालाई बुझ्ने अभ्यास छन् । व्याकरण अभ्यासमा शब्द र व्याकरण बिषय बस्तु बुझेको छ छैन पक्का गर्नु । पढाइ सम्बन्धि प्रश्नले, अध्ययन गरेका शब्द व्याकरण, लागुगरी मिलाइएको वाक्य पढि, यस बिषयबस्तुसंग सम्बन्धित विभिन्न कार्यहरु गर्ने । यसका साथै बिकासको बिषयलाई पढाई सामग्रीसंग सम्बन्धित बिषयको बारेमा लेख्ने कुरागर्ने गर्नु । त्यसमाथि, यस पुस्तकमा पढाइलाई मध्यनजर राखी शब्दको बिचमा खाली ठाँउ राखिएको छ तर, माध्यमिक स्तरमा बिस्तार बिस्तारै खाली ठाँउ नभएको वाक्यसंग बानी पार्न स्योक्यु II को लेखको वाक्यको बिचमा खाली ठाँउ राखेको छैन ।

(६) समीक्षा

हरेक पाठ अनुसार पढ्ने विवरणको मुख्य बिन्दुलाई मिलाउनको लागि तयारी गरिएको छ ।

(७) क्रियाविशेषण–संयोजक र संवाद अभिव्यक्तिका सारांश

यस पुस्तकमा तयार पारिएका क्रियाविशेषण-संयोजक र संवादका अभिव्यक्तिहरु मिलाउनको लागि अभ्यास तयार गरिएको छ ।

२) क्रियाको स्वरुप

यस पुस्तकमा (『स्योक्यु I』 पनि संलग्न) प्रस्तुत गरिएका क्रियाका स्वरुपको सारलाई संकलनगरी संयोजकसंग राखिएको छ ।

३) अध्ययनको मुख्य सूची

पुस्तकमा दिइएको अध्ययनको मुख्य सूचीको अभ्यास A लाई मुख्य रुपमा मिलाईएको छ । वाक्य संरचना, वाक्यको उदाहरण तथा अभ्यास B, अभ्यास C संग सम्बन्ध थाहा हुने गरी राखिएको छ ।

४) सूची

पाठ १ देखि पाठ ५० सम्मको हरेक पाठमा नयाँ शब्द र अभिव्यक्ति इत्यादि विभिन्न पहिलो चोटि आएकालाई राखिएका छन् ।

५) संलग्न सी डी

यस पुस्तकको सी डी मा, हरेक पाठको संवाद, सुन्ने अभ्यासको अंश रेकर्ड राखिएको छ ।

२. अनुवाद र व्याकरण व्याख्या

पाठ २६ देखी पाठ ५० सम्मको

(१) पाठमा आएको नयाँ शब्द र त्यसको अनुवाद

(२) वाक्यको संरचना, वाक्यको उदाहरण, संवादको अनुवाद

(३) त्यस पाठको अध्ययन गर्नको लागि काम लाग्ने सान्दर्भिक शब्द र जापानको अवस्थासंग सम्बन्धित बिषयको साधारण परिचय

(४) वाक्यको संरचना तथा अभिव्यक्तिसंग सम्बन्धित व्याकरण व्याख्या

III. अध्ययनको लागि चाहिने समय

एउटा पाठको लागि ४~६ घन्टा, पूरा अध्ययनको लागि १५० घण्टा अनुमान गरिएको छ ।

IV. शब्द

दैनिक जीवनमा बढी प्रयोग हुने मुख्य १,००० जति शब्दहरु राखिएको छ ।

V. खान्जीको प्रयोग

खान्जी मुख्य रुपमा, नियमित प्रयोगको लागि 「सन् १९८१ बर्षको मन्त्रीमण्डलबाट घोषणा गरिएको (ज्योयो खान्जी चार्ट)」 अनुसार छानिएको छ ।

१) 「熟字訓」 (दुई भन्दा बढी खान्जी जोडिएर बनेको खान्जी, बिशेष पढ्ने तरिका), 「ज्योयो खान्जी सूची」 को अनुसूचीअनुसार लेखिएको खान्जी छन् ।

उदाहरणः 友達 साथी 果物 फलफूल 眼鏡 चस्मा

२) देशको नाम, ठाँउको नाम इत्यादि जनाउने संज्ञा, तथा, कला-संस्कृति इत्यादि बिशेष क्षेत्रको शब्दमा, 「ज्योयो खान्जी」 मा नभएको खान्जी र उच्चारण प्रयोग गरिएको छ ।

उदाहरणः 大阪 ओसाका 奈良 नारा 歌舞伎 खाबुकी

३) पढ्न सजिलोको लागि ध्यान दिई, खान्जीमा लेखेको शब्दलाई खानागाकी (हिरागानामा लेखेको) गरेका पनि छन् ।

उदाहरणः ある(有る・在る) छ・अस्तित्व たぶん(多分) शायद
きのう(昨日) हिजो

४) अंकलाई मुख्य रुपमा अरबी अंकको प्रयोग गरिएको छ ।

उदाहरणः 9時 ९ बजे 4月1日 अप्रिल १ तारिख 1つ १ वटा

VI. अन्य

१) वाक्यमा छोट्याउने वाक्यांशलाई [ ] मा राखिएको छ ।

उदाहरणः 父(ちち)は 54[歳(さい)]です。 बुबा ५४ [बर्ष] हो ।

२) अर्को उच्चारण छ भने ( ) मा राखिएको छ ।

उदाहरणः だれ(どなた) को

यस पुस्तकको प्रभावकारी उपयोग

१. शब्दहरु सम्झिनु

『अनुवाद र व्याकरण व्याख्या』को हरेक पाठमा नयाँ शब्द समावेश गरिएको छ । पुस्तकमा आएको नयाँ शब्दको प्रयोग गरी छोटो वाक्य बनाउने अभ्यास गर्दै सम्झनुहोस् ।

२. वाक्यको संरचनाको अभ्यास गर्नु

वाक्य संरचनाको ठिक अर्थ बुझी, वाक्य संरचना ठिकसंग नबुझेसम्म स्वर निकालेर「अभ्यास A」, 「अभ्यास B」गर्दै अभ्यास गर्नुहोस् ।

३. संवादको अभ्यास गर्नु

「अभ्यास C」एक साथ राखिएको छोटो संवाद हो । वाक्यको नमुनाको अभ्यासले मात्र अन्त्य नगरी, पछि लामो संवादको लागि अभ्यास गर्नुहोस् । 「संवाद」मा दैनिक जीवनमा साँच्चै नै आकस्मिक भेट हुँदा सामना गर्ने संवादहरु राखिएको छ । सी डी सुन्दै वास्तवमै अभिनय गर्दा, स्वाभाविक रुपमा मिलाएर संवाद गर्न सक्नु हुन्छ होला ।

४. पुष्टि गर्नु

हरेक पाठको अध्ययन सकेपछि त्यस पाठको सम्पूर्ण「अभ्यास प्रश्न」छन् । ठिक तरिकाले बुझेको छ छैन「अभ्यास प्रश्न」ले पुष्टि गर्नुहोस् ।

५. साँच्चै कुरा गरेर हेर्ने

जापानी भाषा प्रयोग गरी जापानीसंग कुरा गरेर हेर्नुहोस् । अध्ययन गरेका भाषा तुरुन्तै प्रयोग गरेर हेर्ने । त्यो नै प्रगतिको छोटो बाटो हो ।

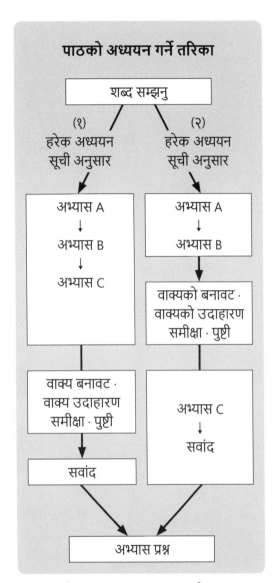

(१) वा (२) को श्रृङ्खला अनुसार अध्ययन गर्छ । अध्ययन सूची चाहिँ पुस्तकको अन्तिमम अध्ययनको मुख्य सूची तालिका हेर्नुहोस् ।

पात्रहरु

माईक मिलर
अमेरिकन, आई एम सी को कर्मचारी

सुजुकि यासुओ
जापानी, आई एम सी को कर्मचारी

नाखामुरा आकिको
जापानी, आई एम सी को शाखा प्रमुख

लि जिन जू
कोरियन,
ए के सीको अनुसन्धान कर्मचारी

थावापोन
थाइ नागरिक,
साकुरा विश्वविद्यालयको विद्यार्थी

करिना
ईण्डोनेशियाली,
फूजि विश्वविद्यालयको विद्यार्थी

ओगावा हिरोसी
जापानी, माईक मिलरको छिमेकि

ओगावा योने
जापानी, ओगावा हिरोसीको आमा

ओगावा साचिको
जापानी, कम्पनी कर्मचारी

कार्ल स्मिथ
जर्मनी, पावर ईलेक्ट्रिक कम्पनीको ईन्जिनियर

क्लारा स्मिथ
जर्मन, जर्मन भाषा शिक्षक

ईटोउ चिसेको
जापानी, हिमावारी प्राथमिक विद्यालयको शिक्षक, हान्स स्मिथको कक्षा शिक्षक

वातानाबे आकेमि
जापानी, पावर ईलेक्ट्रिक कम्पनीको कर्मचारी

ताखाहासी तोओरु
जापानी, पावर ईलेक्ट्रिक कम्पनीको कर्मचारी

हायासी माकिको
जापानी, पावर ईलेक्ट्रिक कम्पनीको कर्मचारी

माचुमोतो तादासी
जापानी, आई एम सी (ओसाका) को बिभाग प्रमुख

जोन वाट्ट
ब्रिटिस नागरिक, साकुरा विश्वविद्यालयको अंग्रेजी शिक्षक

माचुमोतो योसिको
जापानी, गृहिणी

हान्स
जर्मन, प्राथमिक विद्यार्थी १२ बर्ष, कार्ल र क्लारा स्मिथको छोरा

गुप्ता
भारतीय, आई एम सी को कर्मचारी

किमुरा ईजुमी
जापानी, उद्घोषक

※**IMC** (कम्प्युटर सफ्टवेयर कम्पनी)
※**AKC** (アジア研究センター：एसीया रीसर्च ईन्स्टिटयुट)

बिषय सूची

पाठ २६ ……………………………………………………………………… 8

I . शब्दावली

II. अनुवाद
वाक्यको संरचना र वाक्यको उदाहरण
संवादः
फोहोर कहाँ राख्दा हुन्छ ?

III. उपयोगी शब्द र जानकारी
फोहोर फाल्ने तरिका

IV. व्याकरण व्याख्या

१. क्रिया ／ い विशेषण ｝ सामान्य स्वरुप

な विशेषण ｝ सामान्य स्वरुप ｝ んです

संज्ञा ～だ→～な

२. क्रिया て स्वरुप いただけませんか

३. प्रश्नवाचक क्रिया た स्वरुप ら いいですか

४. संज्ञा (लक्षित) は ｛ 好きです／嫌いです ／ 上手です／下手です ／ あります इत्यादि

पाठ २७ ……………………………………………………………………… 14

I . शब्दावली

II. अनुवाद
वाक्यको संरचना र वाक्यको उदाहरण
संवादः
जे पनि बनाउन सक्नु हुन्छ है

III. उपयोगी शब्द र जानकारी
नजिकको पसल

IV. व्याकरण व्याख्या

१. सम्भाव्य क्रिया

२. सम्भाव्य क्रियाको प्रयोग गरिने वाक्य

३. 見えます र 聞こえます

४. できます

५. しか

६. संज्ञा は (तुलना)

७. विभक्तिमा जोडिएको शब्दको उठान は

पाठ २८ ……………………………………………………………………… 20

I . शब्दावली

II. अनुवाद
वाक्यको संरचना र वाक्यको उदाहरण
संवादः
**व्यापारिक यात्रा पनि धेरै भई,
परीक्षा पनि भएकोले……**

III. उपयोगी शब्द र जानकारी
आवास भाँडामा लिनु

IV. व्याकरण व्याख्या

१. क्रिया₁ますस्वरुप ながら क्रिया₂

२. क्रिया て स्वरुप います

३. सामान्य स्वरुप し、सामान्य स्वरुप し、～

४. それで

५. ～ とき + विभक्ति

みんなの日本語 初級Ｉ 第２版
को व्याकरण व्याख्या, उपयोगी शब्द र जानकारी

2

3

पाठ २१

१. सामान्य स्वरुपと 思います

२. वाक्य
   सामान्य स्वरुप $\Big\}$ と 言います

३. क्रिया
   い विशेषण $\Big\}$ सामान्य स्वरुप
   な विशेषण $\Big\}$ सामान्य स्वरुप $\Big\}$ でしょう？
   संज्ञा 〜だ

४. संज्ञा₁ (स्थान)で संज्ञा₂が あります

५. संज्ञा (ठाउँ)で

६. संज्ञाでも क्रिया

७. क्रियाない स्वरुपないと……

उ र जा   दर्जा

पाठ २२

१. संज्ञाको संशोधन

२. क्रिया शब्दकोश स्वरुप 時間／約束／用事

३. क्रियाます स्वरुपましょうか

उ र जा   लत्ताकपडा

पाठ २३

१. क्रिया शब्दकोश स्वरुप
   क्रियाない स्वरुपない
   い विशेषण (〜い) $\Big\}$ とき、〜
   な विशेषणな (मुख्य वाक्यांश)
   संज्ञाの

२. क्रिया शब्दकोश स्वरुप $\Big\}$ とき、〜
   क्रियाた स्वरुप (मुख्य वाक्यांश)

३. क्रिया शब्दकोश स्वरुपと、〜 (मुख्य वाक्यांश)

४. संज्ञाが विशेषण

५. संज्ञाを चाल क्रिया

उ र जा   बाटो र ट्राफिक

पाठ २४

१. くれます

२.
   क्रियाて स्वरुप $\Big\{$ あげます
   もらいます
   くれます

३. संज्ञा₁は संज्ञा₂が क्रिया

उ र जा   उपहार आदान प्रदान

पाठ २५

१. सामान्य भूतकाल स्वरुपら、〜 (मुख्य वाक्यांश)

२. क्रियाた स्वरुपら、〜 (मुख्य वाक्यांश)

३. क्रियाて स्वरुप
   क्रियाない स्वरुपなくて
   い विशेषण (〜い)→〜くて $\Big\}$ も、〜
   な विशेषण [な]→〜で (मुख्य वाक्यांश)
   संज्ञाで

४. もし

५. मातहत वाक्यांशको कर्ता

उ र जा   जीवन

निर्देशनको शब्द

第一課	पाठ –	名詞	संज्ञा
文型	वाक्यको संरचना	動詞	क्रिया
例文	वाक्यको उदाहरण	自動詞	अकर्मक क्रिया
会話	संवाद	他動詞	सकर्मक क्रिया
練習	अभ्यास	形容詞	विशेषण
問題	प्रश्न	い形容詞	い विशेषण
答え	उत्तर	な形容詞	な विशेषण
読み物	पढाई सामग्री	助詞	विभक्ति
復習	समिक्षा	副詞	क्रियापद
目次	बिषय सूची	接続詞	संयोजक
		数詞	अंक
索引	अनुक्रमणिका	助数詞	गणना प्रत्यय
文法	व्याकरण	疑問詞	प्रश्नवाचक, पुछताछ
文	वाक्य	名詞文	संज्ञा वाक्य
		動詞文	क्रिया वाक्य
単語 (語)	शब्द	形容詞文	विशेषण वाक्य
句	वाक्यांश		
節	उपवाक्य	主語	कर्ता
		述語	विधेय (पूर्ण वाक्य)
発音	उच्चारण	目的語	कर्म
母音	स्वर वर्ण	主題	बिषय
子音	व्यन्जन वर्ण		
拍	ताल (मोरा)	肯定	सकारात्मक
アクセント	उच्चारण, सांकेतिक स्वर	否定	नकारात्मक
イントネーション	स्वरको उतार चढाव,	完了	पूर्ण
	आरोह अवरोह	未完了	अपूर्ण
		過去	भूत
[か]行	पङ्क्ति (रो)	非過去	भूत नभएको
[い]列	स्तम्भ (कोलम)		
		可能	सम्भाव्य
丁寧体	विनम्र शैली	意向	इच्छाशक्ति
普通体	सामान्य शैली	命令	आदेशात्मक
活用	प्रयोग	禁止	निषेधित
フォーム	फोर्म (स्वरुप)	条件	अवस्था
〜形	〜स्वरुप	受身	कर्मवाच्य
修飾	रुप परिवर्तन	使役	प्रेरणात्मक
例外	अपवाद	尊敬	सम्मानपूर्ण
		謙譲	नम्र

6

प्रमुख प्रतीक र छोटकरीमा लेखिएका सन्देश

शब्दावलीमा प्रयोग हुने चिन्ह (प्रतिकहरु)

(१) ～मा शब्द या वाक्यांश आउँछ ।

जस्तैः ～から 来ました。 ～बाट आएँ ।

(२) －मा अङ्क आउँछ ।

जस्तैः －歳 －बर्ष

(३) छोटकरीमा बनाउन मिल्ने वाक्यांशलाई, [ ] यो कोष्ठक लगाइएको छ ।

जस्तैः どうぞ よろしく [お願いします]。

भेट्न पाएकोमा खुशी लाग्यो/कृपया (गरिदिनु होला) ।

(४) अरु प्रकार भन्ने तरिका (अभिव्यक्ति गर्ने तरिका) छ भने, ( ) यो कोष्ठक लगाइएको छ ।

जस्तैः だれ(どなた) को

(५) * लगाइएको शब्दचाहिँ त्यो पाठमा प्रयोग नभएको शब्द हो, तर सम्बन्धित शब्द भएकोले प्रयोग गरिएको छ ।

(६) **〈会話〉** संवाद भागले पाठको संवाद प्रयोग हुने शब्द र अभिव्यक्तिलाई प्रस्तुत गर्छ ।

(७) **〈読み物〉** वाक्यमा आउने शब्द र वाक्यांशलाई (読み物) मा प्रस्तुत गरिएको छ ।

(८) ※ व्यक्तिवाचक वा स्थानवाचक संज्ञा जनाउँदछ ।

पाठ २६

I. शब्दावली

みますⅡ	見ます、診ます	हेर्नु, जाँच्नु
さがしますⅠ	探します、捜します	खोज्नु
おくれますⅡ [じかんに～]	遅れます [時間に～]	ढिला हुनु [समयमा～]
まに あいますⅠ [じかんに～]	間に 合います [時間に～]	हुनु, पुग्नु, भ्याउनु [समयमा～]
やりますⅠ		गर्नु
ひろいますⅠ	拾います	बटुल्नु, लिनु
れんらくしますⅢ	連絡します	सम्पर्क गर्नु
きぶんが いい*	気分が いい	राम्रो महसुस
きぶんが わるい	気分が 悪い	नराम्रो महसुस
うんどうかい	運動会	खेलकुद दिवस
ぼんおどり	盆踊り	बोन चाड नाच
フリーマーケット		(प्रयोग गरी सकिएका वस्तुहरु बेच्ने सडक छेउमा राखिएको पसल)
ばしょ	場所	ठाउँ
ボランティア		स्वयंसेवी
さいふ	財布	पर्स, पैसा राख्ने थैली
ごみ		फोहोरमैला
こっかいぎじどう	国会議事堂	संसद भवन
へいじつ	平日	(सोमबार बाट शुक्रबार सम्मका सबै दिन लाई भनिन्छ)
～べん	～弁	～क्षेत्रीय भाषा
こんど	今度	फेरी, अर्को समय
ずいぶん		एकदम
ちょくせつ	直接	प्रत्यक्ष
いつでも		जुन समयमा पनि
どこでも*		जुन ठाउँमा पनि
だれでも*		जो पनि
なんでも*	何でも	जे पनि
こんな ～*		यो जस्तो～, यस्तै～
そんな ～		त्यो जस्तो～, त्यस्तै～ (सुन्ने मान्छेको नजीक)
あんな ～*		उ त्यो जस्तो～, उ त्यो जस्तै～ (भन्ने मान्छे सुन्ने मान्छे बाट टाढा)

※エドヤストア	काल्पनिक स्टोर

〈会話〉

片づきますⅠ ［荷物が～］	मिल्नु [सामान～]
出しますⅠ ［ごみを～］	फाल्नु [फोहर～]
燃える ごみ	जल्ने फोहोर
置き場	राख्ने ठाउँ
横	किनारा, छेउ
瓶	बोतल
缶	क्यान, टिनको भाँडो
ガス	ग्याँस
～会社	～कम्पनी

〈読み物〉

宇宙	अन्तरिक्ष
～様	～जी (さん को सम्मानपुर्ण भाषा)
宇宙船	अन्तरिक्ष यान
怖い	डर लाग्दो
宇宙ステーション	अन्तरिक्ष स्टेशन
違いますⅠ	फरक हुनु
宇宙飛行士	अन्तरिक्ष यात्री
※星出彰彦	जापानीज अन्तरिक्ष यात्री (१९६८ –)

II. अनुवाद

वाक्यको संरचना

१. भोलीदेखी भ्रमण हो ।
२. इकेबानाको अध्ययन गर्न मन छ, कुशल शिक्षक चिनाइदिन सक्नुहुन्छ ?

वाक्यको उदाहरण

१. वातानाबे जी कहिलेकाहिँ ओसाकाको क्षेत्रीय भाषा प्रयोग गर्नुहुन्छ है ।
ओसाकामा बस्नु भएको थियो हो ?
......हजुर, १५ बर्षसम्म ओसाकामा बसेको थिएं ।
२. रोचक डिजाइनको जुत्ता रहेछ । कहाँ किन्नुभएको ?
......एडोया स्टोरमा किनेको थिएं । स्पेनको जुत्ता हो ।
३. किन ढिलो भएको थियो ?
......बस नआएकोले ।
४. खाराओकेमा धेरै जानुहुन्छ ?
......अहँ, त्यति जाँदिन । खाराओके मन पर्दैन ।
५. जापानी भाषाबाट प्रतिवेदन लेखेको थिएं, यसो हेरी दिनुहुन्छ कि ?
......हुन्छ नि ।
६. संसद भवन अबलोकन गर्न चाहन्छु, के गर्दा हुन्छ ?
......सिधै जानु भए हुन्छ । सोमबार देखि शुक्रबार जहिले जानुभए पनि हुन्छ ।

संवाद

फोहोर कहाँ राख्दा हुन्छ ?

म्यानेजर: मिलर जी, घर सर्नुभएको सामान मिलाउनु भैसक्यो ?
मिलर: हजुर, धेरैजसो मिलाईसकें ।
माफ गर्नुहोला, फोहोर फाल्नु पर्ने थियो कहाँ फाल्दा हुन्छ ?
म्यानेजर: जल्ने फोहोर सोमबार र बिहिबारको बिहान फाल्नुहोस् ।
फोहोर फाल्ने ठाँउ गाडी पार्किङको छेउमा छ ।
मिलर: बोतल र टिन कहिले हो ?
म्यानेजर: शनिबार हो ।
मिलर: थाहा पाएं । त्यसपछि तातो पानी आउँदैन नि...... ।
म्यानेजर: ग्याँस कम्पनीमा सम्पर्क गर्नुभयो भने, तुरन्त आइदिनुहुन्छ ।
मिलर: कृपया, फोननम्बर सिकाईदिन सक्नुहुन्छ ?
म्यानेजर: अँ, हुन्छ नी ।

III. उपयोगी शब्द र जानकारी

ごみの出し方　फोहोर फाल्ने तरिका

फोहोर घटाउन र पुनःप्रयोगलाई सहजीकरण गर्न, घरेलु फोहोरलाई तोकिएका प्रकारमा छुट्याएर, फरक दिनमा सङ्कलन गरिन्छ । फोहोर फाल्ने स्थान, सङ्कलन दिन, क्षेत्र अनुसार फरक हुने भएकोले, साधारणतया निम्न बमोजिम छुट्याइएका छन् ।

ごみ収集日のお知らせ
फोहोर सङ्कलन दिनको सूचना

可燃ごみ（燃えるごみ）
जल्ने फोहोर
生ごみ、紙くずなど
फोहोर, कागजको टुक्रा इत्यादि

収集日：月曜日・木曜日
सङ्कलन दिनः सोमबार र बिहिबार

不燃ごみ（燃えないごみ）
नजल्ने फोहोर

収集日：水曜日
सङ्कलन दिनः बुधबार

ガラス製品、瀬戸物、金属製台所用品など
शिसाको सामान, विभिन्न माटाका भाँडा,
भान्साबाट निस्कने फलामको सामान इत्यादि

資源ごみ
प्राकृतिक फोहोर
缶、瓶、ペットボトルなど
टिनको भाँडो, बोतल, प्लाष्टिकको बोतल इत्यादि

収集日：第２、第４火曜日
सङ्कलन दिनः दोस्रो र चौथो मंगलबार

粗大ごみ
धेरै ठाँउ लिने (भारी) फोहोर
家具、自転車など
फर्निचर, साइकल इत्यादि

事前申し込み
पहिलानै दर्ता गर्नु

IV. व्याकरण व्याख्या

१.

क्रिया / **い विशेषण**	**सामान्य स्वरुप**	んです
な विशेषण / **संज्ञा**	**सामान्य स्वरुप** ～だ→～な	

～んです बोल्ने बेला प्रयोग गर्दछ, लेख्ने बेला ～のです हुन्छ । ～んです लाई तलको अनुसार प्रयोग गरिन्छ ।

१) ～んですか

(१) वक्ताले देखेको सुनेको बारेमा बुझ्ने, स्पष्टिकरण माग्ने बेलामा

① （ぬれた 傘を 持って いる 人を 見て） 雨が 降って いるんですか。
(भिजेको छाता बोकेको मानिस देखेर) पानी परेको छ हो ?

(२) वक्ताले देखेको सुनेको बारेमा, अझ विस्तृत स्पष्टिकरण माग्ने बेलामा

② おもしろい デザインの 靴ですね。どこで 買ったんですか。
रोचक डिजाइनको जुत्ता रहेछ । कहाँ किन्नु भएको ?

(३) वक्ताले देखेको सुनेको बारेमा, त्यसको कारणको स्पष्टिकरण माग्ने बेलामा

③ どうして 遅れたんですか。　　किन ढिला भएको हो ?

(४) स्थितिको स्पष्टिकरण माग्ने बेलामा

④ どう したんですか。　　के भयो ?

[सावधानी] ～んですか लाई अनावश्यक ठाउँमा प्रयोग गर्यो भने, श्रोतालाई अप्ठ्यारो अनुभव गराउने हुनाले, ध्यान दिनु जरुरी छ ।

२) ～んです

(१) माथिको १) को (३) वा (४) को ～んですか को वाक्यमा उत्तर दिंदा, कारण माग्ने बेलामा ।

⑤ どうして 遅れたんですか。　　किन ढिलो भएको हो ?
……バスが 来なかったんです。　　......बस नआएकोले ।

⑥ どう したんですか。　　के भयो ?
……ちょっと 気分が 悪いんです。　　......अलिकति सन्चो भएन ।

(२) वक्ताले आफ्नो बारेमा भनेकोमा कारण पनि जोड्ने बेलामा

⑦ よく カラオケに 行きますか。　　खाराओकेमा धेरै जानुहुन्छ ?
……いいえ、あまり 行きません。　　......अ हँ, त्यति जार्दिन ।
カラオケは 好きじゃ ないんです。　　खाराओके मन पर्दैन ।

[सावधानी] कारण नभनीकन, केवल तथ्य बताउने बेलामा, ～んです प्रयोग गर्दैन ।

× わたしは マイク・ミラーなんです。

३) ～んですが、～

～んですが बोलेको कुरालाई काट्ने कार्य गर्दछ । वाक्यको पछाडि अनुरोध वा निमन्त्रणा इजाजत माग्ने बेलामा प्रस्तुत हुन्छ । यसमा が लाई अगाडि राख्ने गरी प्रयोग गरिन्छ (पाठ १४ हेर्नुहोस्) । ⑩ मा जस्तै ～んですが को पछाडी आउने बिषयसूची स्पष्ट भएको अवस्थामा छोट्याउन सकिन्छ ।

⑧ 頭(あたま)が 痛(いた)いんですが、帰(かえ)っても いいですか。
टाउको दुखेकोले, फर्केपनि हुन्छ ?

⑨ 来週(らいしゅう) 友達(ともだち)と スキーに 行(い)くんですが、ミラーさんも いっしょに 行(い)きませんか。
अर्को हप्ता साथीसंग स्कीमा जाने हुनाले, मिलरजी पनि संगै जानेहैन ?

⑩ お湯(ゆ)が 出(で)ないんですが……。　　तातो पानी आउँदैन त...... ।

२. **क्रियाて स्वरुप いただけませんか**　～गरीदिन सक्नुहुन्छ ?

～て ください भन्दा पनि विनम्र रुपमा प्रस्तुत गर्ने अनुरोध हो ।

⑪ いい 先生(せんせい)を 紹介(しょうかい)して いただけませんか。
कुशल शिक्षक परिचय गरीदिन सक्नुहुन्छ ?

३. **प्रश्नावाचक क्रियाた स्वरुपら いいですか**　के/कहाँ/कता/कुन/कसरी/को गर्दा हुन्छ～?

सल्लाह अथवा निर्देशन अभिव्यक्त गर्न प्रयोग गरिन्छ ।

⑫ どこで カメラを 買(か)ったら いいですか。
…… ABC ストアが 安(やす)いですよ。
कहाँ क्यामेरा किन्दा हुन्छ ?
......ABC स्टोरमा सस्तो हुन्छ ।

⑬ 国会議事堂(こっかいぎじどう)を 見学(けんがく)したいんですが、どう したら いいですか。
…… 直接(ちょくせつ) 行(い)ったら いいですよ。
संसद भवन हेर्न चाहन्छु, के गर्दा हुन्छ ?
......सिधै जानु भए हुन्छ ।

⑬ को उत्तर जस्तो, क्रियाた स्वरुपら いいですよ भन्ने अभिव्यक्तिले, विपक्षलाई सल्लाह र सुझाव दिन सकिन्छ ।

४. **संज्ञा (लक्षित) は** { 好(す)きです／嫌(きら)いです, 上手(じょうず)です／下手(へた)です, あります **इत्यादि** }　　संज्ञा { मन पर्छ/मन पर्दैन, सिपालु छ/सिपालु छैन, छ इत्यादि }

⑭ よく カラオケに 行(い)きますか。　　धेरै खाराओकेमा जानुहुन्छ ?
……いいえ、あまり 行(い)きません。　　......अ हँ, त्यत्ति जादिंन ।
カラオケは 好(す)きじゃ ないんです。　　खाराओके मन पर्दैन ।

प्राथमिक स्तर I मा, सकर्मक क्रियाको を लाई बिषय बनाएर प्रस्तुत गरी अध्ययन गरें (पाठ १७) ।
⑭ को जस्तो, すきです जस्ता लक्षित हुन्छ が ले जनाई मुख्य विषय बनाई प्रस्तुत गर्न सकिन्छ ।

पाठ २७

27

I. शब्दावली

かいますＩ	飼います	पाल्नु [घर पालुवा जनावर～]
はしりますＩ ［みちを～］	走ります ［道を～］	दौडिनु [बाटोमा～]
みえますⅡ ［やまが～］	見えます ［山が～］	देखिनु [पहाड～]
きこえますⅡ ［おとが～］	聞こえます ［音が～］	सुनिनु [आवाज～]
できますⅡ ［みちが～］	 ［道が～］	बन्नु [बाटो～]
ひらきますＩ ［きょうしつを～］	開きます ［教室を～］	खुल्नु [कक्षाकोठा～]
しんぱい［な］	心配［な］	चिन्ता
ペット		घर पालुवा
とり	鳥	चरा
こえ	声	स्वर
なみ	波	छाल
はなび	花火	पटाका
どうぐ	道具	औजार
クリーニング		क्लीनिंग, धोबी, लुगा धुन दिनु
いえ	家	घर
マンション		अपार्टमेन्ट
キッチン		भान्सा
～きょうしつ	～教室	～कक्षा, ～क्लास
パーティールーム		पार्टी हल
かた	方	व्यक्ति (ひと को सम्मानपुर्ण भाषा)
～ご	～後	～पछि (केहि काम सकेपछि)
～しか		～मात्र (नकारात्मकमा प्रयोग गरिन्छ)
ほかの		अरु
はっきり		प्रस्ट

〈会話〉

家具	फर्निचर, काष्ठ सज्जा
本棚	पुस्तक राख्ने दराज
いつか	कुनै बेला, कुनै दिन
建てますⅡ	बनाउनु
すばらしい	अद्भूत, धेरै राम्रो

〈読み物〉

子どもたち	बच्चाहरु, केटाकेटी
大好き [な]	एकदम मन पर्नु
主人公	नायक, नायिका
形	आकार
不思議 [な]	रहस्यमय, शानदार
ポケット	खल्ती
例えば	जस्तै, उदाहरण
付けますⅡ	संलग्न गर्नु, टाँस्नु, जोड्नु
自由に	खुलेर
空	आकाश
飛びますⅠ	उड्नु
昔	पुरातन समय, लामो समय पहिले, प्राचीन समय
自分	आफू
将来	भविष्य

※ドラえもん	कार्टुनपात्रको नाम

II. अनुवाद

वाक्यको संरचना

१. म जापानी भाषा थोरै बोल्न सक्छु ।
२. हिमाल राम्ररी देखिन्छ ।
३. स्टेसनको अगाडि ठूलो सुपरमार्केट बन्यो ।

वाक्यको उदाहरण

१. जापानी भाषाको पत्रिका पढ्न सक्नुहुन्छ ?
......अहँ, पढ्न सक्दिन ।
२. चराको स्वर सुनिन्छ है ।
......अँ, बसन्त ऋतु हो नि त ।
३. होउर्युजी मन्दिर कहिले बनेको थियो ?
......६०७ बर्ष अगाडि बनेको थियो ।
४. बिजुली ईलेक्ट्रिक पावर कम्पनीको गर्मी बिदा कतिदिन छ ?
......अँ, ३ हप्ता जति छ ।
राम्रो है । मेरो कम्पनीमा १ हप्तामात्र बिदा लिनमिल्छ ।
५. यो अपार्टमेन्टमा घरपलुवा जनावर पाल्न मिल्छ ?
......सानो चरा वा माछा पाल्न मिल्छ तर, कुकुर वा बिरालो पाल्न मिल्दैन ।

संवाद

जे पनि बनाउन सक्नु हुन्छ है

मिलर: उज्यालो भई, राम्रो कोठा है ।
सुजुकि: अँ । राम्रो मौसममा समुन्द्र देखिन्छ ।
मिलर: यो टेबुल रोचक डिजाइन है ।
कहाँ किन्नुभएको हो ?
सुजुकि: यो मैले बनाएको हो नी ।
मिलर: ओहो, साँच्चै हो र ?
सुजुकि: हो । मेरो रुचि आफैले फर्निचर बनाउनु हो ।
मिलर: हो र । त्यसो भए, त्यो दराज पनि बनाउनुभएको हो ?
सुजुकि: हो ।
मिलर: साह्रै राम्रो है । सुजुकि जी, जे पनि बनाउन सक्नु हुन्छ है ।
सुजुकि: मेरो सपना कुनै दिन आफैले घर बनाउनु हो ।
मिलर: धेरै साम्रो सपना है ।

III. उपयोगी शब्द र जानकारी

近くの店　नजिकको पसल

靴・かばん修理、合いかぎ　जुत्ता र झोला मर्मत, मिल्ने साँचो

ヒール・かかと修理	हिल र तलुवा मर्मत
つま先修理	जुत्ताको औंलाको भाग मर्मत
中敷き交換	जुत्ताको भित्रि सोल फेर्ने
クリーニング	ड्राइ क्लीनिंग
ファスナー交換	फसनर फेर्ने
ハンドル・持ち手交換	हयान्डल र ग्रिप फेर्ने
ほつれ・縫い目の修理	फुस्केको र सिलाइ भाग मर्मत
合いかぎ	जोडा साँचो, मिल्ने साँचो बनाउने

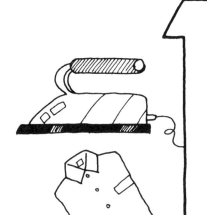

クリーニング屋　क्लीनिंग पसल

ドライクリーニング	ड्राइ क्लीनिंग
水洗い	पानीले धुनु
染み抜き	दाग हटाउनु
はっ水加工	पानी नछिर्ने गर्नु
サイズ直し	साईज मिलाउनु
縮む	खुम्चिनु
伸びる	खुकुलो हुनु

コンビニ　कम्बिनी सुबिधा पसल

宅配便の受け付け	घरमा डेलिभरी सेवा
ATM	ए टि एम
公共料金等の支払い	ग्याँस, बिजुली, पानी, फोन इत्यादिको आधारभुत उपयोगिता शुल्क तिर्नु
コピー、ファクス	कपि, फ्याक्स
はがき・切手の販売	पोष्टकार्ड, हुलाक टिकेटको बिक्रि
コンサートチケットの販売	कन्सर्ट टिकेट बिक्रि

IV. व्याकरण व्याख्या

१. सम्भाव्य क्रिया

सम्भावनालाई प्रस्तुत गर्ने प्रतिनिधित्वको रुपमा, प्राथमिक स्तर I पाठ १८ मा, संज्ञा/क्रिया शब्दकोश स्वरुप +ことが できます को अध्ययन गरें । यस पाठमा अर्को एक प्रकारको रुपमा, सम्भावित क्रियाको अध्ययन गर्छौं ।

		सम्भाव्य क्रिया	
		विनम्र स्वरुप	सामान्य स्वरुप
I	かきます かいます	かけます かえます	かける かえる
II	たべます	たべられます	たべられる
III	きます します	こられます できます	こられる できる

(मुख्य पुस्तक, पाठ २७, अभ्यास A1 हेर्नुहोस्)

सम्भाव्य क्रियालाई समूह II को क्रियासंग आबद्ध गरेर प्रयोग गरिन्छ ।
उदाहरणः かえます　　かえる　　かえ(ない)　　かえて
यस बाहेक, わかります सम्भावनाको अर्थ बोक्ने भएकोले, わかれます भन्ने स्वरुपमा हुँदैन ।

२. सम्भाव्य क्रियाको प्रयोग गरिने वाक्य

१) सम्भाव्य क्रियाले कार्य नभई अवस्थालाई जनाइन्छ । सकर्मक क्रियाको लक्षित शब्दको विभक्ति を ले जनाइन्छ तर, सम्भाव्य क्रियाको लक्ष्यमा मुख्यतया が ले जनाइन्छ ।

① わたしは 日本語(にほんご)を 話(はな)します。　　म जापानी भाषा बोल्छु ।
② わたしは 日本語(にほんご)が 話(はな)せます。　　म जापानी भाषा बोल्न सक्छु ।

を बाहेक अरु विभक्ति परिवर्तन हुँदैन ।

③ 一人(ひとり)で 病院(びょういん)へ 行(い)けますか。　　एक्लै अस्पताल जान सक्नु हुन्छ ?
④ 田中(たなか)さんに 会(あ)えませんでした。　　तानाखाजीलाई भेट्न सकिन ।

२) सम्भाव्य क्रियामा कार्य गर्ने व्यक्तिको क्षमता जनाउँन प्रयोग ⑤ र अवस्था जनाउने कार्यले सम्भावना भएको जनाउन प्रयोग गरिन्छ, जुन ⑥ मा छ ।

⑤ ミラーさんは 漢字(かんじ)が 読(よ)めます。　　मिलर जी खान्जी पढ्न सक्नु हन्छ ।
⑥ この 銀行(ぎんこう)で ドルが 換(か)えられます。　　यस बैंकमा डलर साट्न सकिन्छ ।

३. 見(み)えます र 聞(き)こえます

みえます र きこえます ले, जानीबुझी नभई, सम्बन्धित बस्तु स्वभाविक रुपमा देखापर्नु, अथवा आवाजलाई स्वाभाविक रुपमा कानमा पार्ने अवस्था जनाउँदछ । यस्तो लक्षित अवस्थामा が ले जनाउँदछ । みえます र きこえます ले, सचेतका साथ ध्यान दिने बेला प्रयोग गर्न नसक्ने, यस्तो अवस्थामा सम्भाव्य क्रियाको प्रयोग हुन्छ ।

⑦ 新幹線(しんかんせん)から 富士山(ふじさん)が 見(み)えます。　　बुलेट ट्रेनबाट फूजि हिमाल देखिन्छ ।
⑧ ラジオの 音(おと)が 聞(き)こえます。　　रेडियोको आवाज सुनिन्छ ।

⑨ 新宿で 今 黒沢の 映画が 見られます。
सिनज्युकुमा अहिले कुरोसावाको फिल्म हेर्न सकिन्छ ।

⑩ 電話で 天気予報が 聞けます。 फोनबाट मौसम पुर्वानुमान सुन्न सकिन्छ ।

४. できます

यसमा अध्ययन गर्ने क्रिया できます ले「अस्तित्वमा आउनु」「पुरा हुनु」「बन्नु」「बनाउनु」इत्यादिको अर्थ हो ।

⑪ 駅の 前に 大きい スーパーが できました。
स्टेसनको अगाडि ठूलो सुपर–मार्केट बन्यो ।

⑫ 時計の 修理は いつ できますか。 घडीको मर्मत कहिले सकिन्छ ?

५. しか

しか लाई संज्ञा वा परिमाण जस्ता शब्दसंग जोडिन्छ, जहिले पनि नकारात्मकसंग प्रयोग गरिन्छ । しか संग जोडिएको शब्दलाई उठान गरी, त्यस बाहेक सबै रद्द वा बदर गर्न प्रयोग गरिन्छ । が वा を संग जोडिएको संज्ञामा जोड्ने अवस्थामा, が र を लाई हटाइन्छ । त्यसबाहेक अरु विभक्तिको अवस्थामा, त्यसको पछाडि जोडिन्छ । しか माअपर्याप्त रहेको भावना जनाउँदछ ।

⑬ ローマ字しか 書けません。 रोमन अक्षर बाहेक अरु लेख्न सक्दिन ।

⑭ ローマ字だけ 書けます。 रोमन अक्षर मात्र लेख्न सक्छु ।

६. संज्ञाは (तुलना)

は ले बिषय जनाउने अथवा, तुलना जनाउने विशेषता पनि बोक्छ ।

⑮ ワインは 飲みますが、ビールは 飲みません。
वाइन पिउँछु तर, बियर पिउँदिन ।

⑯ きのうは 山が 見えましたが、きょうは 見えません。
हिजो पहाड देखिएको थियो तर, आज देखिएन ।

७. विभक्तिमा जोडिएको शब्दको उठान は

प्राथमिक स्तर I को कोलम १ (p.160) मा गरिएको बयान अनुसार, は मा が वा を जोडिएका संज्ञासंग जोड्ने अवस्थामा, が वा を लाई हटाइन्छ तर, त्यसबाहेकको विभक्तिको अवस्थामा त्यसको पछाडि जोडिन्छ ।

⑰ 日本では 馬を 見る ことが できません。
जापानमा घोडा हेर्न सकिंदैन । (पाठ १८)

⑱ 天気の いい 日には 海が 見えるんです。
राम्रो मौसममा समुन्द्र देखिन्छ ।

⑲ ここからは 東京スカイツリーが 見えません。
यहाँबाट टोकियो स्काई–ट्रि देखिंदैन ।

पाठ २८

I. शब्दावली

うれますⅡ ［パンが～］	売れます	बिक्री हुनु [पाउरोटी～]
おどりますⅠ	踊ります	नाच्नु
かみますⅠ		चपाउनु, टोक्नु
えらびますⅠ	選びます	रोज्नु, छान्नु
かよいますⅠ ［だいがくに～］	通います ［大学に～］	जानु र आउनु [विश्वविद्यालयमा～]
メモしますⅢ		टिप्पणी लिनु
まじめ［な］		गम्भीर
ねっしん［な］	熱心［な］	निष्कपट
えらい	偉い	महान, प्रशंसनीय
ちょうど いい		एकदम ठीक, उचित
けしき	景色	दृश्य
びよういん	美容院	सैलून, कपाल काट्ने ठाँउ, ब्युटिपार्लर
だいどころ	台所	भान्छा, भान्सा
けいけん	経験	अनुभव (～が あります：अनुभव छ, ～を します：अनुभव गर्नु)
ちから	力	शक्ति, बल
にんき	人気	लोकप्रिय ([がくせいに]～が あります： [विद्यार्थीमा] लोकप्रिय छ)
かたち	形	आकार
いろ	色	रङ्ग
あじ	味	स्वाद
ガム		चुइगम
しなもの	品物	माल
ねだん	値段	मूल्य
きゅうりょう	給料	तलब
ボーナス		बोनस
ゲーム		(कम्प्युटर) खेल
ばんぐみ	番組	कार्यक्रम
ドラマ		नाटक
かしゅ	歌手	गायक, गायिका
しょうせつ	小説	उपन्यास
しょうせつか	小説家	उपन्यासकार
～か	～家	～कार आदि (जस्तैः चित्रकार, उपन्यासकार)

〜き	〜機	〜मेसिन, यन्त्र
むすこ	息子	(मेरो) छोरा
むすこさん*	息子さん	(अरुको) छोरा
むすめ	娘	(मेरो) छोरी
むすめさん*	娘さん	(अरुको) छोरी
じぶん	自分	आफू
しょうらい	将来	भविष्य
しばらく		एक्कै छिन्, लामो समय
たいてい		सामान्यतया, ज्यादातर
それに		त्यस अलावा
それで		त्यसैले, अनि, साथै

〈会話〉

[ちょっと] お願いが あるんですが。	[केहि] अनुरोध गर्नु थियो । (कुनै मनिस लाई केहि सोध्न या सहयोग लिन परेमा प्रयोग हुने वाक्य)
実は	साँच्चै, वास्तवमा, यथार्थमा
会話	संवाद, कुराकानी
うーん	अँ......

〈読み物〉

お知らせ	सूचना
参加します III	भाग लिनु, सामेल हुनु, उपस्थित हुनु
日にち	मिति
土	शनिबार
体育館	खेल घर, जिम गर्ने ठाँउ
無料	निःशुल्क
誘います I	आमन्त्रित गर्नु, निमन्त्रणा गर्नु
イベント	कार्यक्रम

II. अनुवाद

वाक्यको संरचना

१. संगीत सुन्दै खाना खान्छु ।
२. हरेक बिहान जगींग गर्छु ।
३. मेट्रो छिटो र सस्तो छ, त्यसैले मेट्रोबाट जाऔं ।

वाक्यको उदाहरण

१. निन्द्रा लाग्ने बेला, चुइगम चपाएर गाडी चलाउंछु ।
......हो र । म चाहिँ गाडी रोकेर, एकछिन सुत्छु ।
२. संगीत सुन्दै अध्ययन गर्नुहुन्छ ?
......अँह । अध्ययन गर्ने बेला, संगीत सुन्दिन ।
३. उ काम गर्दै विश्वविद्यालयमा अध्ययन गर्दैछ ।
......हो र । महान रहेछ है ।
४. बिदा बेला जहिले पनि के गर्दै हुनुहुन्छ ?
......अँ । धेरैजसो चित्र लेख्ने गर्छु ।
५. वाट्ट शिक्षक मेहेनती, रोचक, त्यसमाथी अनुभवी हुनुहुन्छ ।
......राम्रो शिक्षक हुनुहुन्छ है ।
६. धेरै यो सुशी पसलमाआउनुहुन्छ हो ?
......हो । यहाँ मूल्य पनि सस्तो, माछा पनि ताजा छ, त्यसैले धेरै खान आउंछु ।
७. किन फूजी विश्वविद्यालय छान्नुभएको हो ?
......फूजी विश्वविद्यालय प्रख्यात भई, कुशल शिक्षक पनि धेरै भई, छात्राबास पनि भएकोले ।

संवाद

व्यापारिक यात्रा पनि धेरै भई, परीक्षा पनि भएकोले......

ओगावा साचिको: मिलर जी, केहि अनुरोध गर्नु थियो ।
मिलर: के होला ?
ओगावा साचिको: बास्तवमा भन्ने हो भने अगस्तमा अष्ट्रेलियामा होमस्टे जांदैछु ।
मिलर: होमस्टे हो । राम्रो नि है ।
ओगावा साचिको: हजुर ।
त्यहि भएकोले अहिले साथीसंग अंग्रेजी भाषाको अध्ययन गर्दैछु तर...... ।
मिलर: हो र ।
ओगावा साचिको: त्यत्ति शिपालु हुन सकेको छैन ।
शिक्षक पनि हुनुहुन्न, अंग्रेजी बोल्ने अवसर पनि छैन...... ।
मिलर जी, संवादको शिक्षक हुन सक्नुहुन्छ कि ?
मिलर: हँ ? शिक्षक ? अँ......, अलिकति काम...... ।
ओगावा साचिको: फुर्सद भएको बेला, चिया पिउंदै...... ।
मिलर: अँ......, व्यापारिक यात्रा पनि धेरै भई, छिट्टै जापानी भाषाको परीक्षा पनि भएकोले...... ।
ओगावा साचिको: हो र ।
मिलर: माफ गर्नुहोस् ।

III. उपयोगी शब्द र जानकारी

うちを借（か）りる　आवास भाँडामा लिनु

आवासको जानकारी पाउने तरिका

①中央線（ちゅうおうせん）

②西荻窪駅（にしおぎくぼえき）　③徒歩（とほ）５分（ふん）

④マンション　⑤築（ちく）３年（ねん）

⑥家賃（やちん）　19万（まん）８千円（せんえん）

⑦敷金（しききん）　２か月分（げつぶん）

⑧礼金（れいきん）　１か月分（げつぶん）

⑨管理費（かんりひ）　１万（まん）２千円（せんえん）

⑩南向（みなみむ）き、⑪10階建（かいだ）ての８階（かい）

スーパーまで　400 m（メートル）

⑫2LDK（⑬6・6・LDK 8）

⑭やすい不動産（ふどうさん）

☎ 03－1234－5678

① ट्रेनको लाइन
② नजिकको स्टेसनको नाम
③ स्टेसनबाट हिँडेर ५ मिनेट
④ मानस्योन
　※アパート　　अपार्टमेन्ट
　　一戸建（いっこだ）て　　घर
⑤ तिन बर्ष पुरानो घर
⑥ घर भाँडा
⑦ जम्मा गर्ने रकम
　※घरपतिलाई ग्यारेन्टिको रुपमा दिने रकम । सो घरबाट अन्य ठाँउमा सर्ने बेला केहि रकम फिर्ता गरिन्छ ।
⑧ उपहार रकम
　※कोठा भाँडा लिएबापत घरपतिलाई तिर्ने रकम ।
⑨ घरको हेरचाह, मर्मत रकम
⑩ दक्षिण फर्केको
⑪ १० तल्लाको ८ तल्लामा
⑫ १ वटा लिभिङ, डाइनिङ, भान्सा जोडिएको कोठा र २ वटा कोठा
⑬ 6 तातामी (=6 畳（じょう）)
　※'畳（じょう）' कोठाको फराकिलो नाप्ने इकाइ । 1 畳（じょう） तातामी १ वटाजति फराकिलो हुन्छ । (लगभग 180×90 से.मी)
⑭ सस्तो घर जग्गा मिलाउने कम्पनी

IV. व्याकरण व्याख्या

१. **क्रिया$_{१}$ます स्वरुप ながら क्रिया$_{२}$**

यस वाक्य संरचनामा, एउटै कर्ताले, कार्य$_{२}$ गर्ने बेला, त्यहि समयमा अर्को कार्य$_{१}$ गर्ने जनाउँदछ । क्रिया$_{२}$ नै मुख्य कार्य हुन्छ ।

① 音楽を 聞きながら 食事します。　　　संगीत सुन्दै खाना खान्छु ।

② को जस्तो, निश्चित समयावधिमा, दुई कार्यहरु लगातार गर्नेबेला प्रयोग गरिन्छ ।

② 働きながら 日本語を 勉強して います。
　काम गर्दै जापानी भाषाको अध्ययन गर्दैछु ।

२. **क्रिया て स्वरुप います**

यस वाक्य संरचनामा, बानीको रुपमा दोहोरिएको कार्य जनाउन प्रयोग गरिन्छ । यस कार्यमा बोल्ने बेलामा भन्दा पहिला प्रयोग भएको अवस्थामा, क्रिया て स्वरुप いました हुन्छ ।

③ 毎朝 ジョギングを して います。　　　हरेकदिन जगिंग गरिरहेको छु ।

④ 子どもの とき、毎晩 8時に 寝て いました。
　वच्चा बेला, हरेक राति ८ बजे सुत्थे ।

३. **सामान्य स्वरुप し、सामान्य स्वरुप し、～**

१) यस वाक्य संरचनामा, बिषयको बारेमा दुई भन्दा बढी समान बिषय–बस्तुलाई संगसंगै बयान गर्ने बेलामा प्रयोग गरिन्छ । समान अर्थको, उदाहरणको लागि ⑤ को जस्तै, बयान गर्ने सबै बिषय–बस्तु लाई राम्रो भन्ने बेला भनिन्छ ।

⑤ 鈴木さんは ピアノも 弾けるし、歌も 歌えるし、ダンスも できます。
　सुजुकी जीले पियानो पनि बजाउन सक्नुहुन्छ, गीत पनि गाउन सक्नुहुन्छ र नाँच्न पनि सक्नुहुन्छ ।

तसर्थ, यस वाक्य संरचनामा, एउटा बिषय–बस्तु मात्र नभई, अझ अर्को एउटा बिषय–बस्तुलाई थप्ने भन्ने वक्ताको मन पनि सामेल हुने भएकोले, कहिलेकाहिँ も को प्रयोग गरिन्छ । यस अर्थलाई स्पष्ट गर्न ⑥ जस्तै, それに लाई प्रयोग गर्न पनि सकिन्छ ।

⑥ 田中さんは まじめだし、中国語も 上手だし、それに 経験も あります。
　तानाखा जी सोझो हुनुहुन्छ, चिनियाँ भाषा पनि राम्रो बोल्नुहुन्छ, त्यसमाथि अनुभव पनि छ ।

२) यस वाक्य संरचनामा, ～し、～し को ठाउँमा, त्यस पछि आउने ठाउँको कारण जनाउने आधार पनि हो ।

⑦ ここは 値段も 安いし、魚も 新しいし、よく 食べに 来ます。
　यहाँ मूल्य पनि सस्तो छ, माछा पनि ताजा छ, धेरैजसो खान आउँछु ।

यस अवस्थामा, अन्तिम वाक्य स्पष्ट भएको अवस्थामा, छोट्याई कारणमात्रै वयान गर्ने अवस्था पनि छन् ।

⑧ どうして この 店へ 来るんですか。
　……ここは 値段も 安いし、魚も 新しいし……。
　किन यो पसलमा आउनुहुन्छ ?
　......यहाँ मूल्य पनि सस्तो छ, माछा पनि ताजा भएकोले...... ।

सबभन्दा पछाडिको し ले कारणको から ले पनि जनाउने गर्दछ ।

⑨ どうして 日本の アニメが 好きなんですか。

…… 話も おもしろいし、音楽も すてきですから。

किन जापानको आनिमे मनपर्छ ?

……संवाद पनि रोचक छ, संगीत पनि आकर्षक भएकोले ।

४. | それで |

それで ले त्यसभन्दा अगाडि बयान गरेका बिषय–बस्तुको कारणको रुपमा, त्यसबाट थाहा पाएको परिणामलाई बयान गर्ने बेला प्रयोग गरिन्छ ।

⑩ 将来 小説家に なりたいです。それで 今は アルバイトを しながら 小説を 書いて います。

भविष्यमा उपन्यासकार बन्न चाहन्छु । त्यहि भएर अहिले पार्टटाइम काम गर्दै उपन्यास पनि लेख्दै छु ।

⑪ ここは コーヒーも おいしいし、食事も できるし……。

……それで 人気が あるんですね。

यहाँ कफी पनि स्वादिष्ट छ, खाना पनि खान सकिन्छ…… ।

……त्यसैले लोकप्रिय छ ।

५. | ～ とき ＋ **विभक्ति** |

पाठ २३ मा अध्ययन गरेको とき संज्ञा भएकोले, त्यस पछाडि आउने विभक्तिलाई संगै जोड्न सकिन्छ ।

⑫ 勉強する ときは、音楽を 聞きません。

अध्ययन गर्ने बेला, संगीत सुन्दिन ।

⑬ 疲れた ときや 寂しい とき、よく 田舎の 青い 空を 思い出す。

थाकेको बेला वा एक्लो हुँदा, धेरै जसो गृहनगरको निलो आकाश सम्झन्छु । (पाठ ३१)

25

पाठ २९

I. शब्दावली

あきます I [ドアが〜]	開きます	खुल्नु [ढोका〜]
しまります I [ドアが〜]	閉まります	बन्द हुनु [ढोका〜]
つきます I [でんきが〜]	[電気が〜]	बल्नु [बिजुली, बत्ति〜]
きえます II* [でんきが〜]	消えます [電気が〜]	निभ्नु [बिजुली, बत्ति〜]
こわれます II [いすが〜]	壊れます	बिग्रिनु, भाचिनु [कुर्सी〜]
われます II [コップが〜]	割れます	फुट्नु [गिलास〜]
おれます II [きが〜]	折れます [木が〜]	भांचिनु [रुख〜]
やぶれます II [かみが〜]	破れます [紙が〜]	च्यातिनु [कागज〜]
よごれます II [ふくが〜]	汚れます [服が〜]	मैलिनु, फोहर हुनु [कपडा〜]
つきます I [ポケットが〜]	付きます	राख्नु, जोड्नु [खल्ती〜]
はずれます II [ボタンが〜]	外れます	फुस्किनु [बटन, टाँक〜]
とまります I [くるまが〜]	止まります [車が〜]	रोकिनु [कार〜]
まちがえます II		गल्ति गर्नु
おとします I	落とします	गुमाउनु, झार्नु
かかります I [かぎが〜]	掛かります	लगाउनु [चाबी, साँचो〜]
ふきます I		पुछ्नु
とりかえます II	取り替えます	परिवर्तन गर्नु/फेर्नु
かたづけます II	片づけます	मिलाउनु
[お]さら	[お]皿	भाँडा, थाल
[お]ちゃわん*		कचौरा
コップ		कप
ガラス		सिसा
ふくろ	袋	झोला
しょるい	書類	कागजात
えだ	枝	हाँगा

えきいん	駅員	स्टेसन कर्मचारी
こうばん	交番	प्रहरी चौकी
スピーチ		भाषण (～を します：भाषण गर्नु)
へんじ	返事	जवाफ, उत्तर (～を します：जवाफ दिनु, उत्तर दिनु)
おさきに どうぞ。	お先に どうぞ。	पहिला हजुर जानुहोस् ।
※源氏物語（げんじものがたり）		गेन्जीको कथा (यो उपन्यासका लेखक हेइआन कालका मुरासाकी सिकिबू हुन्)

〈会話（かいわ）〉

今（いま）の 電車（でんしゃ）	अहिलेको रेल (भर्खर गएको रेल)
忘（わす）れ物（もの）	भुलेको सामान
このくらい	यतिजति
～側（がわ）	～पट्टि
ポケット	खल्ती
～辺（へん）	～साइड, पक्ष, आसपास
覚（おぼ）えて いません。	सम्झेको छैन ।
網棚（あみだな）	माथिल्लो तखता
確（たし）か	यकीनन्, निश्चितनै
[ああ、] よかった。	[ओहो,] धेरै राम्रो । (राहत को भाव व्यक्त गर्न प्रयोग हुन्छ)
※新宿（しんじゅく）	टोकियो जिल्लाको रेल स्टेसनको नाम

〈読（よ）み物（もの）〉

地震（じしん）	भुकम्प
壁（かべ）	भित्ता
針（はり）	सुइ (घडीको)
指（さ）します I	इन्कित गर्नु, औँल्याउनु
駅前（えきまえ）	रेल स्टेसनको अगाडी
倒（たお）れます II	ढल्नु, लड्नु
西（にし）	पश्चिम
～の 方（ほう）	～पट्टि, तिर
燃（も）えます II	जल्नु
レポーター	रिपोर्टर, सम्वाददाता

II. अनुवाद

वाक्यको संरचना

१. झ्याल बन्द छ ।
२. रेलमा छाता बिर्सें ।

वाक्यको उदाहरण

१. बैठक कोठामा साँचो लगाइएको छ है ।
......त्यसोभए, वातानाबे जीलाई भनेर, खोल्न लगाउनुहोला ।
२. यो कम्प्युटर प्रयोग गरे पनि हुन्छ ?
......त्यो बिग्रेको छ त्यसैले, उ त्यहाँको प्रयोग गर्नुहोस् ।
३. स्मिथ जीले ल्याउनु भएको वाइन कहाँ छ ?
......सबैजना मिलेर पिईसकें ।
४. संगै फर्किने हैन ?
......माफ गर्नुहोस् । यो मेल लेख्न सकाउंछु त्यसैले, पहिला हजुर जानुहोस् ।
५. वाचा गरेको समयमा भ्याउनुभएको थियो र ?
......अँह, ढिलो भएको थियो । बाटो गल्ति गरेकोले ।
६. के भयो ?
......ट्याक्सीमा सामान बिर्सें ।

संवाद

सामान भुलें

लि: माफ गर्नुहोस् । अहिलेको ट्रेनमा सामान भुलें...... ।
स्टेसन कर्मचारी: के भुल्नुभएको थियो ?
लि: निलो झोला हो । यो साइजको...... ।
बाहिरी भागमा ठूलो खल्ती छ ।
स्टेसन कर्मचारी: कुन साइडमा राख्नुभएको थियो ?
लि: त्यत्ति याद छैन । तर माथिल्लो तखतामा राखेको थिएं ।
स्टेसन कर्मचारी: भित्र के के छ ?
लि: अँ, मेरो यकीन अनुसार पुस्तक र छाता छ ।
स्टेसन कर्मचारी: त्यसोभए खोजेर हेर्छु त्यसैले, एकछिन पर्खिनुहोस् ।
....
स्टेसन कर्मचारी: पायो नी ।
लि: ओहो, राम्रो भयो ।
स्टेसन कर्मचारी: अहिले सिन्ज्युकु स्टेसनमा छ, के गर्नु हुन्छ ?
लि: तुरन्तै लिन जान्छु ।
स्टेसन कर्मचारी: त्यसो भए, सिन्ज्युकु स्टेसनको कार्यालयमा जानुहोस् ।
लि: हुन्छ । धन्यवाद ।

III. उपयोगी शब्द र जानकारी

状態・様子　स्थिति र अवस्था

太っている मोटाएको	やせている दुब्लाएको	膨らんでいる फुलिएको	穴が開いている प्वाल परेको
曲がっている बाङ्गिएको	ゆがんでいる बटारिएको, बाङ्गिएको, विकृत भएको	へこんでいる खोपिल्डो, कुच्चिएको	ねじれている बटारिएको
欠けている फटिएको	ひびが入っている चर्केको	腐っている कुहिएको	
乾いている सुकेको	ぬれている भिजेको	凍っている कक्रिनु, बरफ जम्नु	

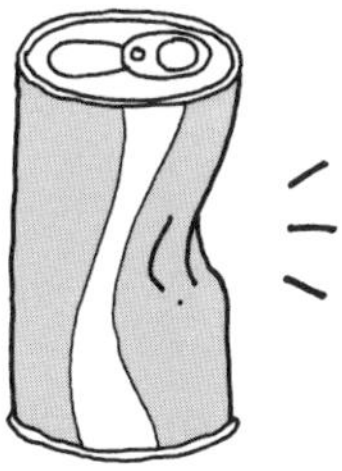

IV. व्याकरण व्याख्या

१. **क्रिया て स्वरुप** います

क्रिया て स्वरुप います मा, त्यस कार्यको परिणामको अवस्था जारी छ भनेर जनाउने आधार हो ।

① 窓(まど)が 割(わ)れて います。　　इयाल फुटेको छ ।
② 電気(でんき)が ついて います。　　बत्ति बलिरहेको छ ।

उदाहरणको लागि, ① मा पहिला कुनै समयमा झ्याल फुटेर, अहिले पनि त्यसको परिणाम बाँकि छ (＝झ्याल फुटेको अवस्था) भनेर जनाइएको छ ।

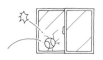

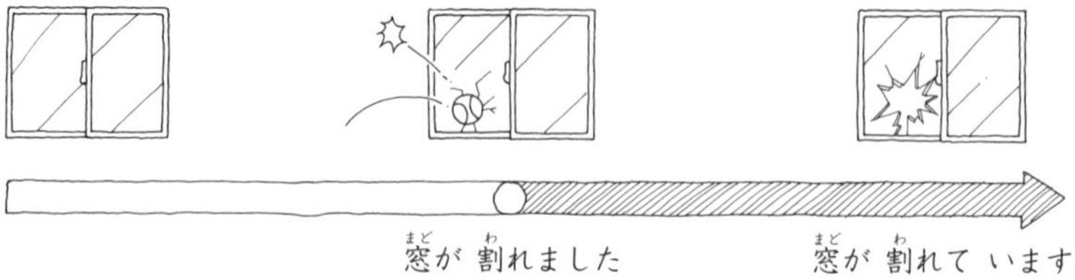

窓(まど)が 割(わ)れました
窓(まど)が 割(わ)れて います

यस तरिका अनुसार प्रयोग गरिने क्रियाहरु あきます, しまります, つきます, きえます, こわれます, われます जस्ता, क्रियाले कार्य हुनु अघि र पछि परिवर्तन जनाउने क्रिया हुन् ।
तसर्थ, आँखा अगाडिको अवस्था जस्ताको त्यस्तै चित्रण गर्ने बेला, ①② को जस्तै यस कर्तालाई が ले जनाउँदछ । कर्तालाई मुख्य बिषयको रुपमा संकलन गर्नेबेला, ③ को जस्तो विभक्ति は को प्रयोग हुन्छ ।

③ この いすは 壊(こわ)れて います。　　यो मेच बिग्रेको छ ।

२. **क्रिया て स्वरुप** しまいました／しまいます

～て しまいました ले कार्य पुरा भएको जनाउँदछ । ～て しまいます ले भबिष्यमा कुनै समयमा कार्य पुरा हुन्छ भनेर जनाउँदछ ।

④ シュミットさんが 持(も)って 来(き)た ワインは みんなで 飲(の)んで しまいました。
　स्मिथ जीले ल्याउनु भएको वाइन सबैले पिईसकें।
⑤ 漢字(かんじ)の 宿題(しゅくだい)は もう やって しまいました。
　खान्जीको गृहकार्य गरिसकेको छु ।
⑥ 昼(ひる)ごはんまでに レポートを 書(か)いて しまいます。
　दिउँसोको खाना खाने बेलासम्ममा रिपोर्ट लेखि सकिन्छ ।

～て しまいました मा, ⑦ र ⑧ जस्तै, वक्ताले पश्चाताप वा नराम्रो अनुभव जनाउने अवस्थामा पनि छन् ।

⑦ パスポートを なくして しまいました。　राहदानी हराएं ।
⑧ パソコンが 故障(こしょう)して しまいました。　कम्प्युटर बिगारें ।

३. **संज्ञा (स्थान)** に 行(い)きます／来(き)ます／帰(かえ)ります

⑨ (अभ्यास C3 हेर्नुहोस्) मा, दिशालाई जनाउने विभक्तिको へ सट्टामा, आगमनको बिन्दु जनाउँने विभक्तिको に को प्रयोग हुन्छ । यसरी नै いきます, きます, かえります जस्ता क्रियामा「स्थानへ」「स्थानに」को जुनै पनि प्रयोग गर्न सकिन्छ ।

⑨ どこかで 財布(さいふ)を 落(お)として しまったんです。　पर्स कतै खसाएं ।
　……それは 大変(たいへん)ですね。すぐ 交番(こうばん)に 行(い)かないと。
　......यो त धेरै गाह्रो है । तुरुन्तै पुलिस चौकी जानु भएन भने ।

४. それ／その／そう

पाठ २ मा निश्चयवाचक सर्वनामले यस स्थानमा भएको बस्तुलाई जनाउने तरिकाबारे अध्ययन गरें । यस पाठमा बिपक्ष बोलिरहेको बेला वा वाक्यमा देखिएका बस्तुलाई जनाउन それ, その, そう मा जोडिएरर परिचित गरीन्छ ।

१) कुराकानी गर्ने बेला

⑩⑪ मा それ, ⑫ मा その, ⑬ मा そう ले बिपक्षले भर्खरै बयान गरिएको बिषय-बस्तुलाई जनाइन्छ ।

⑩ どこかで 財布を 落として しまったんです。
……それは 大変ですね。すぐ 交番に 行かないと。
पर्स कतै खसाएं ।
......यो त धेरै गाह्रो है । तुरुन्तै पुलिस चौकी जानु भएन भने ।

⑪ 来月から 大阪の 本社に 転勤なんです。
……それは おめでとう ございます。
अर्को महिनादेखि ओसाकाको मुख्य कार्यालयमा सर्नेछु ।
......त्यो त बधाई छ । (पाठ ३१)

⑫ あのう、途中で やめたい 場合は？
……その 場合は、近くの 係員に 名前を 言って、帰って ください。
अँ, बिचमा छोड्न चाहेको अवस्थामा ?
......त्यस अवस्थामा, नजिकको कर्मचारीलाई आफ्नो नाम भनेर फर्किनुहोस् । (पाठ ४५)

⑬ うちへ 帰って、休んだ ほうが いいですよ。
……ええ、そう します。
घरमा फर्केर, आराम गर्दा हुन्छ ।
......अँ, त्यस्तै गर्छु । (पाठ ३२)

२) वाक्यको अवस्थामा

⑭ मा その लाई, पहिलाको वाक्यमा देखिएको बिषयलाई जनाउँदछ ।

⑭ 一人で コンサートや 展覧会に 出かけると、いいでしょう。その とき 会った 人が 将来の 恋人に なるかも しれません。
एक्लै कन्सर्ट वा प्रदर्शनमा जानुभयो भने, राम्रो होला । त्यस समयमा भेटेका व्यक्ति भविष्यको प्रेमी बन्न सकिन्छ । (पाठ ३२)

५. ありました

⑮ ［かばんが］ありましたよ。　　झोला पायो है ।

यो ありました ले, झोला पाएको कुरा वक्ताले पत्ता लगाएको जनाइएको छ । पहिला त्यहाँ झोला थियो भन्ने अर्थ चाहिँ होइन ।

६. どこかで／どこかに

どこか, なにか को पछाडिको विभक्ति へ वा を लाई छोट्याउन सकिन्छ तर, どこかで, どこかに को पछाडि विभक्ति で, に लाई छोट्याउन सकिंदैन ।

⑯ どこかで 財布を なくして しまいました。　　कतै पर्स गुमाएँ ।

⑰ どこかに 電話が ありますか。　　कतै फोन छ ?

पाठ ३०

I. शब्दावली

はります I		टास्नु
かけます II	掛けます	झुन्डाउनु
かざります I	飾ります	सजाउनु
ならべます II	並べます	मिलाउनु, क्रमबद्ध गर्नु
うえます II	植えます	रोप्नु
もどします I	戻します	फर्काउनु, फिर्ता गर्नु
まとめます II		मिलाउनु, संकलन गर्नु
しまいます I		थन्काउनु
きめます II	決めます	निर्णय गर्नु
よしゅうします III	予習します	पाठ पढाउनु भन्दा पहिलेनै पढ्नु
ふくしゅうします III	復習します	पाठ पढाएपछि पढ्नु
そのままに します III		त्यत्तिकै छोड्नु
じゅぎょう	授業	कक्षा, क्लास
こうぎ	講義	लेक्चर
ミーティング		बैठक
よてい	予定	योजना, सेड्युल
おしらせ	お知らせ	सूचना
ガイドブック		मार्गदर्शन पुस्तक
カレンダー		क्यालेन्डर, पात्रो
ポスター		पोस्टर
よていひょう	予定表	योजना तालिका
ごみばこ	ごみ箱	रद्दी टोकरी, फोहोर फाल्ने भाँडा
にんぎょう	人形	पुतली (खेलौना)
かびん	花瓶	फुलदान
かがみ	鏡	ऐना
ひきだし	引き出し	घर्रा
げんかん	玄関	प्रवेश हल, अगाडिको ढोका
ろうか	廊下	(भवन भित्रको गल्लि)
かべ	壁	पर्खाल
いけ	池	पोखरी
もとの ところ	元の 所	पहिलाको ठाउँ
まわり	周り	आसपास, वरिपरि
まんなか*	真ん中	केन्द्र
すみ	隅	कुना
まだ		अझै पनि

30

〈会話〉

リュック	पिठ्युँमा बोक्ने झोला
非常袋	आपतकालीन किट (आपतकालीन अबस्थामा प्रयोगमा आउने समान राखेको झोला)
非常時	अपतकाल
生活しますⅢ	जिबन बिताउनु
懐中電灯	टर्च लाइट
～とか、～とか	～पनि, ～पनि

〈読み物〉

丸い	गोलो
ある ～	छ～, एक निश्चित～
夢を 見ますⅡ	सपना देख्नु
うれしい	खुशी
嫌[な]	घृणित, मन नपर्नु
すると	त्यसपछि
目が 覚めますⅡ	आँखा खुल्नु

II. अनुवाद

वाक्यको संरचना

१. पुलिस चौकिमा यो शहरको नक्सा टाँसेको छ ।
२. भ्रमण अगाडि, इन्टरनेटमा विभिन्न खोजेर राख्छु ।

वाक्यको उदाहरण

१. स्टेसनमा नयाँ चर्पी, रोचक छ है ।
......ए ? हो र ।
पर्खालमा फूल र जनावरको चित्र लेखेको छ ।
२. पानी टेप कहाँ छ ?
......त्यो दराज भित्र राखेको छ ।
३. अर्को महिना व्यापारिक यात्रा भएकोले, होटेल रिजर्भ गरेर राखौं कि ?
......अँ, अनुरोध गर्छु ।
४. कैंचीको प्रयोग गरिसकेपछि, पहिलाको ठाउँमा राख्नुहोस् ।
......हुन्छ, थाहा पाएँ ।
५. कागजात मिलाउँदा हुन्छ ?
......अँह, त्यतिकै राखी राख्नुहोस् ।
अझै प्रयोग गर्दै छु, त्यसैले ।

संवाद

मैले पनि आपतकालीन झोला तयार गरी राखेन भने

मिलर: नमस्ते ।
सुजुकि: स्वागत छ । आउनुहोस् ।
मिलर: ठूलो झोला राख्नुभएको छ है ।
पहाडमा जानु हुन्छ हो ?
सुजुकि: होइन । आपतकालीन झोला हो ।
मिलर: आपतकालीन झोला ? के होला ?
सुजुकि: आपतकालमा प्रयोगगर्न चाहिने सामान राख्ने झोला हो ।
बत्ति वा ग्याँस बन्दभएपनि, ३ दिन जत्तिको लागि जिबन बिताउन सक्ने गरी सामान राखेको छु ।
मिलर: पानी र खाना हो ?
सुजुकि: हो, अरुपनि विभिन्न छन् । टर्च लाइट पनि, रेडियो पनि...... ।
मिलर: मैले पनि तयारगरी राखेन भने ।
सुजुकि: आपतकालीन झोला सुपरमार्केटमा बेचेर राखेको छ नि ।
मिलर: हो र । त्यसोभए किनेर राख्छु ।

III. उपयोगी शब्द र जानकारी

非常の場合　आपतकालीन अवस्थामा

〔1〕地震の場合　भुकम्पको अवस्थामा

1）備えが大切　पुर्व तयारीको आवश्यक

① 家具が倒れないようにしておく
फर्निचर नखस्नेगरी राख्नु

② 消火器を備える・水を貯えておく
आगो निभाउने सामान तयार र पानी जम्मा गरीराख्नु

③ 非常袋を用意しておく
आपतकालीनको लागि झोला तयार गरीराख्नु

④ 地域の避難場所を確認しておく
आफुबस्ने ठाँउको आपतकालीन स्थान थाहापाइ राख्नु

⑤ 家族、知人、友人と、もしもの場合の連絡先を決めておく
परिवार, साथी, परिचित व्यक्तिलाई, यदि केहि पर्ने अवस्थामा ठेगाना, फोन नम्बर तयारगरी राख्नु

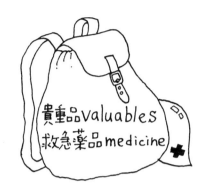

2）万一地震が起きた場合　यदि भुकम्प आएको अवस्थामा

① 丈夫なテーブルの下にもぐる
बलियो टेबुलको तल छिर्ने

② 落ち着いて火の始末
विचलित नभइ आगो निभाउने

③ 戸を開けて出口の確保
ढोका खोलेर निस्कने बाटो बनाउने

④ 慌てて外に飛び出さない
अत्तालिएर बाहिर नहुत्तिनु

3）地震が収まったら　भुकम्प रोकियोभने

正しい情報を聞く（山崩れ、崖崩れ、津波に注意）
सहि जानकारी सुन्नु (पहिरो, ढुंगा खस्नु, चुनामीको सावधानी हुनु)

4）避難する場合は　खाली गर्ने अवस्थामा

車を使わず、必ず歩いて
गाडिको प्रयोग नगरी, जसरितसरी हिँड्नु

〔2〕台風の場合　तैफुनको अवस्थामा

① 気象情報を聞く	मौसमी जानकारी सुन्नु
② 家の周りの点検	घर वरिपरी जाँज गर्नु
③ ラジオの電池の備えを	रेडियोको ब्याट्रि ठिक गरेर राख्नु
④ 水、緊急食品の準備	पानी, आपतकालीन समयको लागि खानेकुराको तयारी गर्नु

IV. व्याकरण व्याख्या

१. **क्रियाて स्वरुप あります**

क्रियाて स्वरुप あります मा, कसैले कुनै लक्ष्यको लागि कुनै कार्य गरी, त्यसको परिणाम अझै पनि बाँकि हुने अवस्था जनाउँदछ । क्रियामा सकर्मक क्रियालाई प्रयोग गर्न सकिन्छ ।

१) संज्ञा$_{१}$に संज्ञा$_{२}$が क्रियाて स्वरुप あります

① 机の 上に メモが 置いて あります。　टेबुलको माथि नोट राखिएको छ ।

② カレンダーに 今月の 予定が 書いて あります。

भित्तेपात्रोमा यस महिनाको समय–तालिका लेखिएको छ ।

२) संज्ञा$_{२}$は संज्ञा$_{१}$に क्रियाて स्वरुप あります

संज्ञा$_{२}$ लाई मुख्य बिषयको रुपमा लिँदा, विभक्ति は को प्रयोग गरिन्छ ।

③ メモは どこですか。　नोट कहाँ छ ?

…… [メモは] 机の 上に 置いて あります。

......[नोट] टेबुलको माथि राखिएको छ ।

④ 今月の 予定は カレンダーに 書いて あります。

यस महिनाको समय–तालिका भित्तेपात्रोमा लेखिएको छ ।

[सावधानी] क्रियाて स्वरुप います र क्रियाて स्वरुप あります को फरक

⑤ 窓が 閉まって います。　झ्याल बन्द छ ।

⑥ 窓が 閉めて あります。　झ्याल बन्द गरिएको छ ।

⑤⑥ को जस्तो क्रियाて स्वरुप います र क्रियाて स्वरुप あります मा, विपरित भएको अकर्मक क्रिया (しまります) र सकर्मक क्रिया (しめます) लाई प्रयोग गरिएको अवस्थामा, ⑤ मा झ्याल बन्द भएको अवस्थालाई बयान मात्र गरिएको छ भने, ⑥ मा, कसैको कार्यद्वारा त्यस्तो अवस्था भएको भन्ने जनाइन्छ ।

२. **क्रियाて स्वरुप おきます**

१) कुनै समयसम्मको लागि चाहिने कार्य र व्यवहारलाई पुरा गर्न जनाइन्छ ।

⑦ 旅行の まえに、切符を 買って おきます。

भ्रमण गर्नु अगाडि, टिकेट किनेर राख्छु ।

⑧ 次の 会議までに 何を して おいたら いいですか。

……この 資料を 読んで おいて ください。

पछिल्लो बैठकसम्ममा के गरेर राख्दा हुन्छ ?

......यस कागजातलाई पढेर राख्नुहोस् ।

२) पछि प्रयोगको लागि तयार गर्न चाहिने कार्यहरु सम्पन्न गर्न वा, एक समयको लागि अस्थायी उपाए जनाइन्छ ।

⑨ はさみを 使ったら、元の 所に 戻して おいて ください。

कैंचीको प्रयोग गरिसकेपछि, पहिलाकै स्थानमा राख्नुहोस् ।

३) परिणामको अवस्था कायम राखेको जनाउंदछ ।

⑩ あした 会議が ありますから、いすは この ままに して おいて ください。
भोली बैठक हुने भएकोले, मेचलाई यसरीनै राखी राख्नुहोस् ।

[सावधानी] कुरा गर्ने समयमा ～て おきます लाई ～ときます हुने अवस्था धेरै छन् ।

⑪ そこに 置いといて (置いて おいて) ください。
त्यहाँ राखी राख्नुहोस् । (पाठ ३८)

३. まだ + सकरात्मक अहिलेसम्म, अझै

⑫ まだ 雨が 降って います。 अझै पानी परिरहेको छ ।

⑬ 道具を 片づけましょうか。
……まだ 使って いますから、その ままに して おいて ください。
औजारहरु थन्क्याइ दिउँ ?
......अझै प्रयोग गरिरहेको हुनाले, जस्ताको त्यस्तै राख्नुहोस् ।

यस まだ ले, अझै भन्ने अर्थ जनाई, कार्य वा अवस्थालाई निरन्तरता दिएको जनाउँदछ ।

४. とか

とか लाई や जस्तै उदाहरण दिने बेलामा प्रयोग गरिन्छ । や को दांजोमा とか लाई बोलचालमा, उदाहरण दिन पछिल्लो संज्ञाको पछाडि पनि प्रयोग गर्न सकिन्छ ।

⑭ どんな スポーツを して いますか。
……そうですね。テニスとか 水泳とか……。
कस्तो खेल खेल्दै हुनुहुन्छ ?
......अँ...... । टेनिस, पौडि जस्ता...... ।

५. अवस्थाअनुसाको विभक्ति + も

も ले が वा を संग जोडिएको संज्ञामा जोड्ने अवस्थामा, が वा を लाई मेटाउँछ । त्यस बाहेकको विभक्ति (उदाहरणः に, で, から, まで, と) को अवस्थामा, त्यस पछाडि जोडिन्छ । へ लाई हटाएपनि नहटाएपनि हुन्छ ।

⑮ ほかにも いろいろ あります。 अरु पनि विभिन्न छन् ।

⑯ どこ[へ]も 行きません。 कहिँ पनि जाँदिन ।

पाठ ३१

I. शब्दावली

つづけますⅡ	続けます	निरन्तर गर्नु
みつけますⅡ	見つけます	फेला पार्नु
とりますⅠ ［やすみを～］	取ります ［休みを～］	लिनु [बिदा～]
うけますⅡ ［しけんを～］	受けます ［試験を～］	दिनु [जाचँ～]
もうしこみますⅠ	申し込みます	आवेदन भर्नु
きゅうけいしますⅢ	休憩します	बिश्राम लिनु
れんきゅう	連休	लगातारको बिदा
さくぶん	作文	निबन्ध
はっぴょう	発表	प्रस्तुति, घोषणा (～します：प्रस्तुति गर्नु, घोषणा गर्नु)
てんらんかい	展覧会	प्रदर्शनी
けっこんしき	結婚式	विवाह
［お］そうしき*	［お］葬式	अन्त्येष्टि, मलामी (कोहि बिते पछि आफन्त भेला भई गरिने बिदाई कार्यक्रम)
しき*	式	महोत्सव
ほんしゃ	本社	प्रमुख कार्यालय
してん	支店	शाखा कार्यालय
きょうかい	教会	चर्च, गिर्जाघर
だいがくいん	大学院	स्नातकोत्तर
どうぶつえん	動物園	चिडियाघर, चिडियाखाना
おんせん	温泉	तातोपानी
かえり	帰り	फर्किने
おこさん	お子さん	(अरुको) बच्चा
－ごう	－号	－नम्बर (रेल नम्बर, आंधी नम्बर)
～の ほう	～の 方	～पट्टि, तिर
ずっと		सधैं
※バリ		बाली (इन्डोनेसियाको टापु)
※ピカソ		पाब्लो पिकासो, स्पेनिस चित्रकार (सन् १८८१－१९७३)
※のぞみ		बुलेट रेलको नाम (～42号：नोजोमी बुलेट रेल नम्बर ४२)

※新神戸（しんこうべ）	सिन कोउबे (ह्योउगो जिल्लाको रेल स्टेशनको नाम)

〈会話（かいわ）〉

残（のこ）ります I	रहनु
入学試験（にゅうがくしけん）	प्रवेश परीक्षा
月（つき）に	महिनामा

〈読み物（よみもの）〉

村（むら）	गाँउ
卒業（そつぎょう）します III	स्नातक गर्नु
映画館（えいがかん）	फिल्म हल
嫌（いや）［な］	मन नपर्ने कुरा, घृणित
空（そら）	आकाश
閉（と）じます II	बन्द गर्नु
都会（とかい）	शहर
子（こ）どもたち	केटाकेटीहरु
自由（じゆう）に	खुलेर

II. अनुवाद

वाक्यको संरचना

१. संगै जाऔं ।
२. भबिष्यमा आफ्नो कम्पनी बनाउंकि भनेर विचार गर्दैछु ।
३. अर्को महिना गाडी किन्ने विचारमा छु ।

वाक्यको उदाहरण

१. थाकें । एकछिन आराम गर्ने कि ?
......अँ, त्यसै गरौं ।
२. नयाँ बर्षमा के गर्नु हुन्छ ?
......परिवारसंग ओनसेन जाउंकि भनेर विचार गर्दैछु ।
३. रिपोर्ट लेख्नु भैसक्यो ?
......अँ ह, अझै लेखेको छैन ।
शुक्रबार भित्रमा सबै लेख्ने विचारमा छु ।
४. देश फर्केपनि, जापानी भाषाको अध्ययनमा निरन्तरता दिनुहुन्छ ?
......हजुर, निरन्तरता दिने विचारमा छु ।
५. गर्मी बिदामा आफ्नो देशमा फर्किनु हुन्न ?
......अँह । स्नातकत्तोरको परीक्षा दिने भएकोले, यस बर्ष नफर्कने विचारमा छु ।
६. भोलीबाट न्युयोर्कमा व्यापारिक यात्रा गर्छु ।
......हो र । कहिले फर्किनु हुन्छ ?
अर्को हप्ताको शुक्रबार फर्किने योजना छ ।

31

संवाद

खाना बनाउन सिकौंकि भनेर विचार गर्दैछु

ओगावा: अर्को महिनादेखी एक्लै हो ।
मिलर: हो र ?
ओगावा: बास्तवमा भन्ने हो भने ओसाकाको मुख्य कार्यालयमा सरुवा हुन्छु ।
मिलर: मुख्य कार्यालय हो । त्यसको लागि बधाई छ ।
तर, किन एक्लै हुने हो ?
ओगावा: श्रीमति र वच्चा टोकियोमा नै रहन्छ ।
मिलर: हो र, संगै जानुहुन्न ?
ओगावा: अँह । छोरा अर्को बर्ष विश्वविद्यालयको प्रवेशपरीक्षा दिनेभएकोले,
टोकियोमानै रहन्छु भन्छ, श्रीमति पनि अहिलेको कार्यालय छोड्न मनछैन भन्छ ।
मिलर: त्यहिभएर, अलग अलग बस्नु हुन्छ ?
ओगावा: अँ । तर, महिनाको २,३ चोटि हप्ताको अन्तिममा फर्किने विचारमा छु ।
मिलर: गाह्रो छ है ।
ओगावा: तर, राम्रो अवसर भएकोले, खाना बनाउन सिकौंकि भनेर विचार गर्दैछु ।
मिलर: त्यो त राम्रो कुरा हो ।

III. उपयोगी शब्द र जानकारी

専門（せんもん）　अध्ययन बिषय

医学（いがく）	चिकित्साविज्ञान	政治学（せいじがく）	राजनीतिशास्त्र
薬学（やくがく）	औषधविज्ञान	国際関係学（こくさいかんけいがく）	अन्तराष्ट्रिय सम्बन्ध
化学（かがく）	रशायनविज्ञान	法律学（ほうりつがく）	कानुन
生化学（せいかがく）	जीवरसायनविज्ञान	経済学（けいざいがく）	अर्थशास्त्र
生物学（せいぶつがく）	जीवविज्ञान	経営学（けいえいがく）	व्यापार ब्यवस्थापन
農学（のうがく）	कृषिविज्ञान	社会学（しゃかいがく）	सामाजशास्त्र
地学（ちがく）	भू-विज्ञान, भूगर्भशास्त्र	教育学（きょういくがく）	शिक्षाशास्त्र
地理学（ちりがく）	भौगोलिकविज्ञान	文学（ぶんがく）	साहित्यशास्त्र
数学（すうがく）	गणित	言語学（げんごがく）	भाषाविज्ञान
物理学（ぶつりがく）	भौतिकविज्ञान	心理学（しんりがく）	मनोविज्ञान
工学（こうがく）	इन्जिनियरिङ	哲学（てつがく）	दार्शनिकशास्त्र
土木工学（どぼくこうがく）	निर्माण इन्जिनियरिङ	宗教学（しゅうきょうがく）	धर्मशास्त्र
電子工学（でんしこうがく）	विधुतकणीय इन्जिनियरिङ	芸術（げいじゅつ）	कलाविज्ञान
電気工学（でんきこうがく）	विधुत इन्जिनियरिङ	美術（びじゅつ）	ललित-कला
機械工学（きかいこうがく）	मेशिन इन्जिनियरिङ	音楽（おんがく）	सङ्गीतशास्त्र
コンピューター工学（こうがく）	कम्प्युटरविज्ञान	体育学（たいいくがく）	शारीरिक शिक्षा
遺伝子工学（いでんしこうがく）	वंशाणुविज्ञान		
建築学（けんちくがく）	भवन निर्माणविज्ञान		
天文学（てんもんがく）	खगोलविज्ञान		
環境科学（かんきょうかがく）	वातावरणीयविज्ञान		

41

IV. व्याकरण व्याख्या

१. इच्छाशक्ति स्वरुप

ますस्वरुपबाट इच्छाशक्ति स्वरुपमा लग्ने तरिका तल दिइए अनुसारको छ । (मुख्य पुस्तक, पाठ ३१, अभ्यास A1 हेर्नुहोस्)

समूह I: ますस्वरुपको अन्तिम आवाजको いस्तम्भको आवाजलाई おस्तम्भको आवाजमा परिवर्तन गरी, う लाई जोड्ने ।

かきーます → かこーう　いそぎーます → いそごーう
よみーます → よもーう　あそびーます → あそぼーう

समूह II: ますस्वरुपमा よう लाई जोड्ने ।

たべーます → たべーよう　みーます → みーよう

समूह III:

しーます → しーよう　きーます → こーよう

२. इच्छाशक्ति स्वरुप प्रयोग गर्ने तरिका

१) ～ましょう को सामान्य स्वरुपको जस्तै, सामान्य शैलीको प्रयोग गरिन्छ ।

① ちょっと 休(やす)まない？　एकछिन आराम नगर्ने ?
……うん、休(やす)もう。　......अँ, आराम गरौं ।
② 手伝(てつだ)おうか。　सहयोग गरौं कि ?
③ 傘(かさ)を 持(も)って 行(い)こうか。　छाता लिएर जाने कि ?

[सावधानी] सामान्य शैलीको प्रश्नवाचक वाक्यमा, साधारणतया वाक्यको अन्तिममा विभक्ति か लाई जोडिदैन तर, ②③ को जस्तो ～ましょうか को सामान्य शैलीको प्रश्नवाचक वाक्यको अवस्थामा, वाक्यको अन्तिमको विभक्ति か को आवश्यक पर्ने बारेमा सावधानी हुनु ।

२) क्रिया इच्छाशक्ति स्वरुपと 思(おも)って います

यस वाक्य संरचनामा वक्ताको इच्छा बिपक्षलाई व्यक्त गर्नको लागि प्रयोग गरिन्छ । क्रिया इच्छाशक्ति स्वरुपと おもいます ले पनि समान अर्थमा प्रयोग गरिन्छ तर, क्रिया इच्छाशक्ति स्वरुपと おもって います ले, इच्छालाई वर्तमानमा पनि निश्चित समय सम्मको लागि बोकिरहेको छ भनेर जनाउँदछ ।

④ 週末(しゅうまつ)は 海(うみ)へ 行(い)こうと 思(おも)って います。
हप्ताको अन्तिममा समुन्द्रमा जाउँ कि भनेर सोचिरहेको छु ।
⑤ 今(いま)から 銀行(ぎんこう)へ 行(い)こうと 思(おも)います。　अबबाट बैंकमा जाउँ कि भनेर सोचिरहेको छु ।

[सावधानी] क्रिया इच्छाशक्ति स्वरुपと おもいます ले वक्ताको इच्छा मात्र जनाउँदैनकि, क्रिया इच्छाशक्ति स्वरुपと おもって います ले, तेस्रो व्यक्तिको इच्छालाई जनाउँन सकिन्छ ।

⑥ 彼(かれ)は 学校(がっこう)を 作(つく)ろうと 思(おも)って います。
उसले विद्यालय बनाउँकि भनेर विचार गरिरहेका छ ।

३.

क्रिया शब्दकोश स्वरुप **क्रियाない स्वरुपない**	つもりです

क्रिया शब्दकोश स्वरुप つもりです ले, इच्छा जनाउँदछ । नकारात्मकको स्वरुपमा सामान्यतया, क्रियाないस्वरुपない つもりです को प्रयोग गरिन्छ ।

⑦　国(くに)へ 帰(かえ)っても、日本語(にほんご)の 勉強(べんきょう)を 続(つづ)ける つもりです。

देश फर्किए तापनि, जापानी भाषाको अध्ययनलाई निरन्तरता दिने विचारमा छु ।

⑧　あしたからは たばこを 吸(す)わない つもりです。

भोलिदेखि चुरोट नपिउने विचारमा छु ।

[सावधानी] क्रिया इच्छाशक्ति स्वरुपと おもって います र, क्रिया शब्दकोश स्वरुप つもりです को अर्थमा त्यति धेरै अन्तर छैन तर, निश्चित इच्छा अथवा ठोस निर्णय जनाउँनको लागि क्रिया शब्दकोश स्वरुप つもりです को धेरै जसो प्रयोग हुन्छ ।

४. **क्रिया शब्दकोश स्वरुप** / **संज्ञा**の } 予定(よてい)です

योजनालाई बयान गर्ने बेला भन्ने तरिका हो ।

⑨　７月(がつ)の 終(お)わりに ドイツへ 出張(しゅっちょう)する 予定(よてい)です。

जुलाइको अन्तिममा जर्मनीमा ब्यापार यात्रामा जाने योजना छ ।

⑩　旅行(りょこう)は １週間(しゅうかん)ぐらいの 予定(よてい)です。

भ्रमण १ हप्ता जतिको योजना छ ।

५. まだ **क्रिया**て**स्वरुप** いません

यस अभिव्यक्तिले बोल्ने समयमा, अवस्था उत्पन्न नभएको अथवा कार्य पुरा नभएको जनाइन्छ ।

⑪　銀行(ぎんこう)は まだ 開(あ)いて いません。	बैंक अझ खुलेको छैन ।
⑫　レポートは もう 書(か)きましたか。	रिपोर्ट लेख्नु भैसक्यो ?
……いいえ、まだ 書(か)いて いません。	......अँ ह, अझै लेखेको छैन ।

६. 帰(かえ)ります － 帰(かえ)り

⑬⑭ को जस्तो, ます स्वरुप जस्तै समान स्वरुपलाई संज्ञाको रुपमा प्रयोग गर्ने अवस्था पनि छन् ।

⑬　帰(かえ)りの 新幹線(しんかんせん)は どこから 乗(の)りますか。

फर्किने बेलाको सिनकानसेन कहाँबाट चढ्नु हुन्छ ?

⑭　休(やす)みは 何曜日(なんようび)ですか。　　बिदा कुन बार हो ? (पाठ ४)

यसको अलावा तल दिइए अनुसारका पनि छन् ।

遊(あそ)びます － 遊(あそ)び　　答(こた)えます － 答(こた)え

申(もう)し込(こ)みます － 申(もう)し込(こ)み　　楽(たの)しみます (रमाइलो गर्छौ) － 楽(たの)しみ

पाठ ३२

I. शब्दावली

32

うんどうしますⅢ	運動します	कसरत गर्नु, व्यायामा गर्नु
せいこうしますⅢ	成功します	सफल हुनु
しっぱいしますⅢ*	失敗します	असफल, फेल हुनु [परीक्षामा～]
[しけんに～]	[試験に～]	
ごうかくしますⅢ	合格します	पास हुनु [परीक्षामा～]
[しけんに～]	[試験に～]	
やみますⅠ		रोक्किनु [पानी～]
[あめが～]	[雨が～]	
はれますⅡ	晴れます	मौसम सफा हुनु
くもりますⅠ	曇ります	बादल लाग्नु
つづきますⅠ	続きます	लगातार आउनु [ज्वरो～]
[ねつが～]	[熱が～]	
ひきますⅠ		लाग्नु [रुघा～]
[かぜを～]		
ひやしますⅠ	冷やします	चिसो बनाउनु
こみますⅠ	込みます	भिड हुनु [बाटो～]
[みちが～]	[道が～]	
すきますⅠ		खुल्ला हुनु [बाटो～]
[みちが～]	[道が～]	
でますⅡ	出ます	भाग लिनु
[しあいに～]	[試合に～]	[खेलमा～]
[パーティーに～]		[पार्टीमा～]
むりを しますⅢ	無理を します	साह्है थाक्ने गरि गर्नु, अति गर्नु, सकि नसकि गर्नु
じゅうぶん[な]	十分[な]	प्रशस्त, प्रयाप्त
おかしい		नमिलेको, अनौठो, हाँस्यास्पद
うるさい		होहल्ला
せんせい	先生	चिकित्सक
やけど		पोल्नु (～を します：पोल्नु)
けが		चोट (～を します：चोट लाग्नु)
せき		खोकी (～を します／～が でます： खोकी लाग्नु/खोकी आउनु)
インフルエンザ		इन्फ्लुएन्जा, माहामारी
そら	空	आकाश
たいよう*	太陽	सूर्य
ほし	星	तारा
かぜ	風	हावा

ひがし*	東	पूर्व
にし	西	पश्चिम
みなみ	南	दक्षिण
きた*	北	उत्तर

こくさい〜	国際〜	अन्तराष्ट्रिय〜

すいどう	水道	नल, टुटी, पानी आपूर्ति
エンジン		इन्जिन
チーム		टोली

こんや	今夜	आज बेलुका
ゆうがた	夕方	साँझ
まえ		पहिला, पहिलाको समय
おそく	遅く	अबेर, ढिलो (समय)

こんなに*		यत्रो
そんなに*		त्यत्रो (सुन्ने व्यक्तिसंग सम्बन्धित कुनै बस्तुको बारेमा)
あんなに		उ त्यत्रो (वक्ता र सुन्ने व्यक्तिसंग सम्बन्ध नभएको बारेमा)

※ヨーロッパ		युरोप

45

〈会話〉

元気	स्वस्थ, निरोगी
胃	पेट
ストレス	तनाब
それは いけませんね。	त्यो गर्न हुन्न नी।

〈読み物〉

星占い	राशीफल
牡牛座	वृष राशि (राशीको नाम)
働きすぎ	धेरै काम गर्नु
困りますI	समस्या पर्नु, अप्ठ्यारोमा पर्नु
宝くじ	चिठ्ठा
当たりますI [宝くじが〜]	पर्नु [चिठ्ठा〜]
健康	स्वास्थ्य
恋愛	प्रेम
恋人	प्रेमी, प्रेमिका
ラッキーアイテム	भाग्यशाली कुराहरु
石	ढुङ्गा

II. अनुवाद

वाक्यको संरचना

१. हरेक दिन व्यायाम गर्दा हुन्छ ।
२. भोली हिउँ पर्छ होला ।
३. वाचा गरेको समयमा नभ्याउन पनि सक्छ ।

वाक्यको उदाहरण

१. विद्यार्थीको पार्ट टाइम कामको बारेमा के बिचार छ ?
......राम्रो होला । जवानबेला, विभिन्न अनुभव बटुल्दा राम्रो हुने भएकोले ।
२. १ महिना जति युरोप घुम्न जान मन थियो, ४० मानले पुग्छ ?
......पर्याप्त हुन्छ जस्तो लाग्छ ।
तर, नगद नलग्दा राम्रो हुन्छ ।
३. सर, जापानको अर्थतन्त्र कस्तो हुन्छ होला ?
......अँ । अझै केहि समय राम्रो हुने वाला छैन होला ।
४. सर, हान्सलाई इन्फ्लुएन्जा भएको हो ?
......हो, इन्फ्लुएन्जा हो ।
२, ३ दिन निरन्तर धेरै ज्वरो आउंछ होला, पिर लिनु पर्दैन ।
५. इन्जिनको आवाज अनौठो छ है ।
......हो नि है । बिग्रेको पनि हुनसक्छ ।
एकछिन के भएको निरिक्षण गरौं ।

संवाद

नसक्ने गरी नगर्दा हुन्छ नी

ओगावा: स्मिथ जी, सन्चो छैन है ।
के भएको हो ?
स्मिथ: आजकल शारिरीक अवस्था त्यत्ति राम्रो छैन ।
कहिलेकाहिँ टाउको र पेट दुख्ने गर्दछ ।
ओगावा: त्यो त राम्रो भएन है । काम धेरै व्यस्त छ हो ?
स्मिथ: अँ । ओभरटाइम धेरै छ ।
ओगावा: स्ट्रेस भएको पनि हुन सक्छ ।
एकचोटि अस्पतालमा जँचाउन लगाउंदा राम्रो हुन्छ ।
स्मिथ: अँ, हो नि है ।
ओगावा: नसक्ने गरी धेरै काम नगर्दा हुन्छ नी ।
स्मिथ: अँ, अहिलेको काम सकिएपछि, बिदा लिउँकि भनेर विचार गरीरहेको छु ।
ओगावा: त्यो राम्रो हो ।

III. उपयोगी शब्द र जानकारी

天気予報　मौसम पुर्वानुमान
<small>てんき よほう</small>

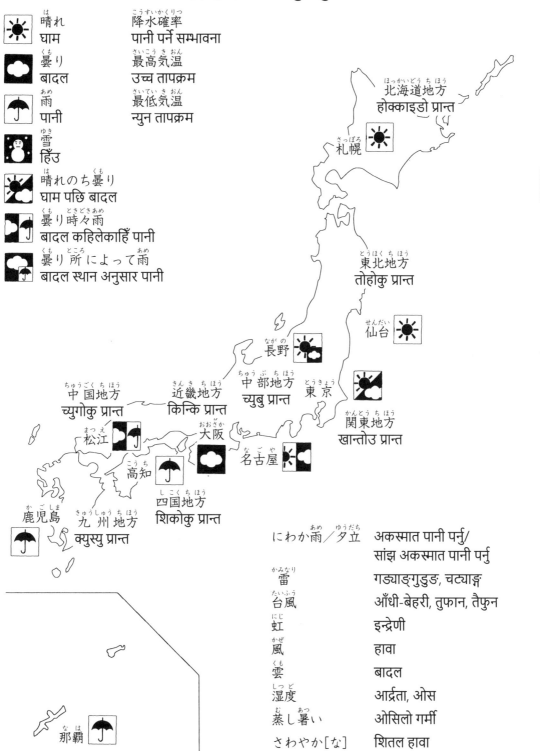

晴れ
घाम
<small>は</small>

曇り
बादल
<small>くも</small>

雨
पानी
<small>あめ</small>

雪
हिँउ
<small>ゆき</small>

晴れのち曇り
घाम पछि बादल
<small>は　　　くも</small>

曇り時々雨
बादल कहिलेकाहिँ पानी
<small>くも　ときどきあめ</small>

曇り所によって雨
बादल स्थान अनुसार पानी
<small>くも　ところ　　　あめ</small>

降水確率
पानी पर्ने सम्भावना
<small>こうすいかくりつ</small>

最高気温
उच्च तापक्रम
<small>さいこうきおん</small>

最低気温
न्युन तापक्रम
<small>さいていきおん</small>

北海道地方
होक्काइडो प्रान्त
<small>ほっかいどうちほう</small>

札幌
<small>さっぽろ</small>

東北地方
तोहोकु प्रान्त
<small>とうほくちほう</small>

仙台
<small>せんだい</small>

長野
<small>ながの</small>

中部地方
च्युबु प्रान्त
<small>ちゅうぶちほう</small>

東京
<small>とうきょう</small>

中国地方
च्युगोकु प्रान्त
<small>ちゅうごくちほう</small>

近畿地方
किन्कि प्रान्त
<small>きんきちほう</small>

関東地方
खान्तोउ प्रान्त
<small>かんとうちほう</small>

松江
<small>まつえ</small>

大阪
<small>おおさか</small>

名古屋
<small>なごや</small>

高知
<small>こうち</small>

四国地方
शिकोकु प्रान्त
<small>しこくちほう</small>

鹿児島
<small>かごしま</small>

九州地方
क्युस्यु प्रान्त
<small>きゅうしゅうちほう</small>

那覇
<small>なは</small>

にわか雨／夕立
अकस्मात पानी पर्नु/
सांझ अकस्मात पानी पर्नु
<small>あめ　ゆうだち</small>

雷　गड्याङ्गुडुङ, चट्याङ्
<small>かみなり</small>

台風　आँधी-बेहरी, तुफान, तैफुन
<small>たいふう</small>

虹　इन्द्रेणी
<small>にじ</small>

風　हावा
<small>かぜ</small>

雲　बादल
<small>くも</small>

湿度　आर्द्रता, ओस
<small>しっと</small>

蒸し暑い　ओसिलो गर्मी
<small>む　あつ</small>

さわやか[な]　शितल हावा

32

47

IV. व्याकरण व्याख्या

१. **क्रियाた स्वरुप** / **क्रियाない स्वरुपない** } ほうが いいです

① 毎日 運動した ほうが いいです。　　　दिनदिनै व्यायाम गर्दा राम्रो हुन्छ ।

② 熱が あるんです。

……じゃ、おふろに 入らない ほうが いいですよ。

ज्वरो छ ।

......त्यसो भए, तातो पानीमा नछिर्दा राम्रो हुन्छ ।

यस वाक्य संरचनामा श्रोताले परामर्श वा सल्लाह दिन प्रयोग गरिन्छ । क्रियाた स्वरुप ほうが いいです मा दुई बस्तुको तुलना र छनौटको अर्थ समावेश गरिएको हुनाले, त्यस कार्य गरेन भने राम्रो हुँदैन भन्ने अर्थ बुझिन्छ । जसले गर्दा, कर गरेको अनुभूति गराउने अवस्था पनि आउँछ । केवल कुनै कार्य गर्न सुझाव दिने भए, ～たら いい (पाठ २६) लाई प्रयोग गरिन्छ ।

③ 日本の お寺が 見たいんですが……。

……じゃ、京都へ 行ったら いいですよ。

जापानको मन्दिर हेर्न मन लाग्छ...... ।

......त्यसो भए, क्योटोमा जानु भए राम्रो हुन्छ ।

२. **क्रिया** / **いविशेषण** } **सामान्य स्वरुप**
なविशेषण / **संज्ञा** } **सामान्य स्वरुप** ～だ
} でしょう

～でしょう ले, भविष्यको बारेमा वा अनिश्चितताको बारेमा, वक्ताको विचारको निधो नगरी बयान गर्ने बेला प्रयोग गरिन्छ ।

④ あしたは 雨が 降るでしょう。　　　भोलि पानी पर्छ होला ।

⑤ タワポンさんは 合格するでしょうか。　　थावापोन जी उत्तीर्ण हुनु हुन्छ होला ?

……きっと 合格するでしょう。　　......अवश्य उत्तीर्ण हुनु हुन्छ होला ।

३. **क्रिया** / **いविशेषण** } **सामान्य स्वरुप**
なविशेषण / **संज्ञा** } **सामान्य स्वरुप** ～だ
} かも しれません

～かも しれません ले, ～ को सम्भावना झिनो भएपनि छ भनेर भन्नलाई प्रयोग गर्न सकिन्छ ।

⑥ 約束の 時間に 間に 合わないかも しれません。

वाचा गरेको समयमा नभ्याउन पनि सकिन्छ ।

४. क्रियाますस्वरुपましょう

⑦ エンジンの 音が おかしいんですが。
……そうですね。故障かも しれません。ちょっと 調べましょう。
इन्जिनको आवाज अनौठो छ।
......हो नि है । बिग्रेको पनि हुनसक्छ । अलिकति निरिक्षण गरौं ।

⑦ को क्रियाますस्वरुपましょう ले, वक्ताको इच्छा श्रोतालाई प्रस्तुत गर्ने अभिव्यक्ति हो । कुनै कार्य गर्छु भन्ने बेलामा प्रयोग गरिन्छ । क्रियाますस्वरुपましょうか (पाठ १४) बाट दृध अर्थभेद देखिन्छ ।

५. परिमाणで

समयावधि वा सीमा जनाउंदछ ।

⑧ 駅まで 30分で 行けますか。　　स्टेसन सम्म ३० मिनेटले पुग्न सकिन्छ ?
⑨ 3万円で パソコンが 買えますか。　　३०,००० येनले कम्प्युटर किन्न सकिन्छ ?

32

६. 何か 心配な こと

⑩ 何か 心配な ことが あるんですか。　　पिर परेका कुरा केहि छ ?

⑩ को जस्तो अवस्थामा, しんぱいな なにか नभएर, なにか しんぱいな こと भनेर भनिन्छ । यस प्रकारका अभिव्यक्तिमा, अन्य पनि, なにか ～ もの, どこか ～ ところ, だれか ～ ひと, いつか ～ とき इत्यादि छन् ।

⑪ スキーに 行きたいんですが、どこか いい 所、ありますか。
स्की जान मन लाग्यो, कतै राम्रो ठाउँ छ ?

पाठ ३३

I. शब्दावली

にげますⅡ	逃げます	भाग्नु
さわぎますⅠ	騒ぎます	हल्ला गर्नु
あきらめますⅡ		छोड्नु
なげますⅡ	投げます	फाल्नु
まもりますⅠ	守ります	बचाउनु, जोगाउनु
はじまりますⅠ ［しきが～］	始まります ［式が～］	शुरु हुनु [उत्सब～]
しゅっせきしますⅢ ［かいぎに～］	出席します ［会議に～］	भाग लिनु [बैठकमा～]
つたえますⅡ	伝えます	भन्दिनु
ちゅういしますⅢ ［くるまに～］	注意します ［車に～］	सचेत हुनु [कारसँग～]
はずしますⅠ ［せきを～］	外します ［席を～］	निस्कनु [सिटबाट～] (आफुले गरिरहेको कामको ठाउँबाट केहि समयकोलागि बाहिर जाँदा प्रयोग हुन्छ)
もどりますⅠ	戻ります	फर्कनु
ありますⅠ ［でんわが～］	 ［電話が～］	छ, आएकोछ [फोन～]
リサイクルしますⅢ		पुनःप्रयोग गर्नु
だめ［な］		हुन्न
おなじ	同じ	उस्तै
けいさつ	警察	पुलिस, प्रहरी
せき	席	सिट
マーク		चिन्ह
ボール		भकुण्डो, बल
しめきり	締め切り	अन्तिम मिति
きそく	規則	नियम
きけん	危険	खतरा, खतरनाक
しようきんし	使用禁止	प्रयोग निषेध
たちいりきんし	立入禁止	जान निषेध
じょこう	徐行	बिस्तारै
いりぐち	入口	प्रवेश द्वार
でぐち	出口	बाहिरिने द्वार
ひじょうぐち	非常口	आकस्मिक द्वार
むりょう	無料	निःशुल्क

33

わりびき	割引	छुट
のみほうだい	飲み放題	पिउन सक्ने जति पिउने सुबिधा
しようちゅう	使用中	प्रयोग भैरहेको
ぼしゅうちゅう	募集中	आवेदन खुल्ला भैरहेको छ
～ちゅう	～中	～भैरहेको
どういう ～		कस्तो प्रकारको～
いくら[～ても]		जति (～भएतापनि)
もう		अब पुग्यो, हुन्न, चाहिन्न (नकारात्मकमा प्रयोग हुन्छ)
あと ～		बाँकि～
～ほど		～जति

〈会話〉

駐車違反	पार्किंग उल्लंघन
罰金	जरिवाना

〈読み物〉

地震	भूकम्प
起きますⅡ	हुनु, घट्नु
助け合いますⅠ	एक अर्कालाई सहयोग गर्नु
もともと	मूल रूपमा, शुरुमा
悲しい	दुःखी
もっと	अझै, थप
あいさつ	अभिवादन (～を します : अभिवादन गर्नु)
相手	अर्को व्यक्ति
気持ち	भावना

II. अनुवाद

वाक्यको संरचना

१. छिटो गर !
२. नछोउ !
३. 「ताचिइरि किन्सी」 भनेको प्रवेश निषेध भन्ने अर्थ हो ।
४. मिलर जी अर्को हप्ता ओसाकामा व्यापारिक यात्रामा जाने भन्दै हुनुहन्थ्यो ।

वाक्यको उदाहरण

१. भएन । अब दौडिन सक्दिन ।
......प्रयास गर ! अब ५०० मिटर हो ।
२. अब समय छैन ।
......अझै १ मिनेट छ । हार नमार्नु !
३. यो पोखरीमा खेल्न हुँदैन । त्यहाँ 「प्रवेश निषेध」 भनेर लेखेको छ ।
......अँ, हो रहेछ ।
४. त्यो खान्जी कसरी पढ्ने ?
......「किनएन」 हो ।
चुरोट पिउंन हुँदैन भन्ने अर्थ हो ।
५. यो चिन्हको अर्थ के हो ?
......वाशिङ्ग मेशिनमा धुन मिल्छ भन्ने अर्थ हो ।
६. गुप्ता जी हुनुहुन्छ ?
......अहिले बाहिर जानुभएको छ । अन्दाजी ३० मिनेट सम्ममा फर्किन्छु भन्दै हुनुहुन्थ्यो ।
७. कृपया, वातानाबे जीलाई भोलिको पार्टी ६ बजेबाट भनेर भनिदिनुहुन्छ ?
......अँ हुन्छ । ६ बजेबाट हो है ।

संवाद

यसको अर्थ के हो ?

वाट्ट: कृपया । मेरो गाडीमा यस्तो कागज टालेको रहेछ, यो खान्जी कसरी पढिन्छ ?
विश्वविद्यालयको कर्मचारी: यो 「च्युस्या इहान」 हो ।
वाट्ट: च्युस्या इहान......, अर्थ के हो ?
विश्वविद्यालयको कर्मचारी: रोक्न नहुने ठाँउमा गाडी रोक्यो भन्ने अर्थ हो । कहाँ रोक्नुभएको थियो ?
वाट्ट: स्टेसनको अगाडि हो । पत्रिका किन्न गएको, १० मिनेट मात्र...... ।
विश्वविद्यालयको कर्मचारी: स्टेसन अगाडि भए, १० मिनेट भएपनि हुँदैन ।
वाट्ट: हो र । जरीवाना नतिरी हुँदैन हो ?
विश्वविद्यालयको कर्मचारी: हो, १५,००० येन नतिरी हुँदैन ।
वाट्ट: ओहो ! १५,००० येन हो र ?
पत्रिकाको ३०० येन मात्र थियो...... ।

33

III. उपयोगी शब्द र जानकारी

標識（ひょうしき） सांकेटिक चिन्ह

営業中

営業中（えいぎょうちゅう）
कारोबार खुल्ला छ

準備中

準備中（じゅんびちゅう）
तयारी हुँदैछ

閉店

閉店（へいてん）
बन्द छ

定休日

定休日（ていきゅうび）
निर्धारित बिदा

化粧室

化粧室（けしょうしつ）
शौचालय

禁煙席

禁煙席（きんえんせき）
धुम्रपान निषेधित ठाँउ

予約席（よやくせき）
बुकिङ्ग सिट

非常口（ひじょうぐち）
आपतकालीन द्वार

火気厳禁（かきげんきん）
ज्वलनशील निषेध

割れ物注意（われものちゅうい）
फुट्ने चिजमा साबधानी

運転初心者注意（うんてんしょしんしゃちゅうい）
गाडि चलाउने सिकारु
माथि साबधानी

工事中（こうじちゅう）
निर्माण हुँदैछ

塩素系漂白剤不可（えんそけいひょうはくざいふか）
क्लोरिन ब्लिच प्रयोग
नगर्नु

手洗い（てあらい）
हातले धुनु

アイロン（低温（ていおん））
न्युन ताप इस्त्रि
(आइरन)

ドライクリーニング
ड्राइ क्लीनिंग

IV. व्याकरण व्याख्या

१. आदेशात्मक र निषेधित स्वरुप

१) आदेशात्मक स्वरुपको बनाउने तरिका (मुख्य पुस्तक, पाठ ३३, अभ्यास A1 हेर्नुहोस्)

समूह I: ます स्वरुपको अन्तिम आवाजको い स्तम्भको आवाजलाई え स्तम्भको आवाजमा परिवर्तन गर्ने ।

か<u>き</u>ーます → か<u>け</u>　　　いそ<u>ぎ</u>ーます → いそ<u>げ</u>

よ<u>み</u>ーます → よ<u>め</u>　　　あそ<u>び</u>ーます → あそ<u>べ</u>

समूह II: ます स्वरुपमा ろ लाई जोड्ने ।

たべーます → たべーろ　　　みーます → みーろ

अपवाद: くれーます → くれろ

समूह III: しーます → しろ　　　きーます → こい

[सावधानी] ある, できる, わかる इत्यादिको अवस्था क्रिया आदेशात्मक स्वरुपमा छैन ।

२) निषेधित स्वरुप बनाउने तरिका (मुख्य पुस्तक, पाठ ३३, अभ्यास A1 हेर्नुहोस्)

शब्दकोश स्वरुपमा な लाई जोड्ने ।

२. आदेशात्मक र निषेधित स्वरुपको प्रयोग गर्ने तरिका

आदेशात्मक स्वरुपले बिपक्षको एक कार्यलाई बाध्य गर्ने बेलामा, साथै निषेधित स्वरुपले कुनै कार्य नगर्न आदेश गर्ने बेला प्रयोग गरिन्छ । यस प्रकारका डर, धम्कीले एकदम कडा रुपले बोलेको देखिने भएकोले वाक्यको अन्तिममा प्रयोग गर्ने अवस्था धेरै कम हुन्छ । साथै मौखिक प्रसंग, धेरै जसो केटाले मात्र प्रयोग गरिन्छ । आदेशात्मक स्वरुप, निषेधित स्वरुपले वाक्यको अन्तिममा तलका अनुसारका अवस्था हरु छन् ।

१) उच्च पदको व्यक्ति वा ज्येष्ठ पुरुषले सानो पदको व्यक्तिलाई, साथै बुबाले छोरालाई प्रयोग गरिन्छ ।

① <ruby>早<rt>はや</rt></ruby>く <ruby>寝<rt>ね</rt></ruby>ろ。　　　छिटो सुत !

② <ruby>遅<rt>おく</rt></ruby>れるな。　　　ढिलो हुने होइन !

२) पुरुष साथीको बिचमा प्रयोग गरिन्छ । यस बोलीलाई नरम बनाउन वाक्यको अन्तिममा धेरैजसो よ को प्रयोग गरिन्छ ।

③ あした うちへ <ruby>来<rt>こ</rt></ruby>い[よ]。　　　भोली घरमाआउ है ।

④ あまり <ruby>飲<rt>の</rt></ruby>むな[よ]。　　　त्यत्ति नपिउ है ।

३) कारखानामा संगै काम गर्ने बेला निर्देशन दिन वा, आगलागी, भुँइचालो जस्ता आपतको समयमा इत्यादि, बिपक्षको कुरामा बोल्ने बेला कोमल भई बोल्ने समय नभएको बेला प्रयोग गरिन्छ । त्यसबेला उच्च ओहदाको या ज्येष्ठ व्यक्तिले धेरै जसो प्रयोग गरिन्छ ।

⑤ <ruby>逃<rt>に</rt></ruby>げろ。　　　भाग !

⑥ エレベーターを <ruby>使<rt>つか</rt></ruby>うな。　　　लिफ्ट नचलाउ !

४) समूहमा अभ्यास गर्दा, विद्यालयको शारीरिक शिक्षाका बिषयमा क्लबको खेल गतिविधिहरुमा आदेश वा निर्देशन दिने बेलामा ।

⑦ <ruby>休<rt>やす</rt></ruby>め。　　　आराम गर !

⑧ <ruby>休<rt>やす</rt></ruby>むな。　　　आराम नगर !

५) खेल हेर्नेबेला प्रोत्साहन दिन हौसला दिन वा चिच्याउने । यस अवस्थामा महिलाले पनि प्रयोग गर्छन् ।

⑨ <ruby>頑張<rt>がんば</rt></ruby>れ。　　　मिहिनेत गर !

⑩ <ruby>負<rt>ま</rt></ruby>けるな。　　　हार्ने होइन !

६) ट्रफिक चिन्ह वा आकर्षक छोटो वाक्यांश, बलियो प्रभावलाई लक्षित गर्दा, संक्षिप्ततालाई जोड दिंदा ।

⑪ 止(と)まれ。　　　　　　　　　　रोक ।

⑫ 入(はい)るな。　　　　　　　　　नछिर ।

[सावधानी] आदेशात्मकको स्वरुपमा क्रियाます स्वरुपなさい पनि छन् । यसलाई अभिभावकले बच्चालाई, शिक्षकले विद्यार्थी इत्यादिलाई प्रयोग गरी, क्रियाको आदेशात्मक स्वरुप भन्दा पनि बिनम्रता जनाइएको देखिन्छ । महिलाले आदेशात्मक स्वरुपको सट्टामा यसको प्रयोग गरिन्छ । तर उच्च ओहदाको व्यक्तिलाई प्रयोग गरिंदैन ।

⑬ 勉強(べんきょう)しなさい。　　　　　पढ !

३. 〜と　書(か)いて　あります／〜と　読(よ)みます

⑭ あの　漢字(かんじ)は　何(なん)と　読(よ)むんですか。　　त्यो खान्जी कसरी पढिन्छ ?

⑮ あそこに「止(と)まれ」と　書(か)いて　あります。　उ त्यहाँ「रोक」भनेर लेखिएको छ ।

⑭⑮ को と ले 〜と　いいます (पाठ २१) को と सरह काम गर्दछ ।

४. Xは　Yと　いう　意味(いみ)です

यस स्वरुपमा, X को अर्थलाई परिभाषित गर्ने बेला प्रयोग गरिन्छ । と　いう चाहिँ と　いいます बाट आउँदछ । अर्थलाई बुझ्नेबेला, प्रश्नवाचक どういう मा प्रयोग गरिन्छ ।

⑯ 「立入禁止(たちいりきんし)」は　入(はい)るなと　いう　意味(いみ)です。
「ताचिइरि किन्सी」भनेको प्रवेश निषेध भन्ने अर्थ हो ।

⑰ この　マークは　どういう　意味(いみ)ですか。　　यो चिन्हको अर्थ के हो ?
……洗濯機(せんたくき)で　洗(あら)えると　いう　意味(いみ)です。　......वाशिङ्ग मेशिनमा धुन सक्छ भन्ने अर्थ हो ।

५. वाक्य / सामान्य स्वरुप } と　言(い)って　いました

तेस्रो व्यक्तिको शब्दलाई उतार्ने बेला, 〜と　いいました (पाठ २१) को प्रयोग गर्छ तर, तेस्रो व्यक्तिको शब्दलाई सन्देश पठाउँदा, 〜と　いって　いました को प्रयोग गरिन्छ ।

⑱ 田中(たなか)さんは「あした　休(やす)みます」と　言(い)って　いました。
तानाखा जीले「भोलि बिदा बस्छु」भनेर भन्नुभएको थियो ।

⑲ 田中(たなか)さんは　あした　休(やす)むと　言(い)って　いました。
तानाखा जी भोलि छुट्टी भनेर भन्नुभएको थियो ।

६. वाक्य / सामान्य स्वरुप } と　伝(つた)えて　いただけませんか

सन्देशलाई विनम्रताका साथ अनुरोध गर्दा प्रयोग गरिन्छ ।

⑳ ワンさんに「あとで　電話(でんわ)を　ください」と　伝(つた)えて　いただけませんか。
वान जीलाई「पछि फोन गर्नुस्」भनेर भनिदिनु हुन्छ ?

㉑ すみませんが、渡辺(わたなべ)さんに　あしたの　パーティーは　6時(じ)からだと　伝(つた)えて　いただけませんか。
कृपया, वातानाबे जीलाई भोलिको पार्टी ६ बजेबाट भनेर भनिदिनुहुन्छ ?

पाठ ३४

I. शब्दावली

みがきます I	磨きます	माइनु [दाँत～]
［はを～］	［歯を～］	
くみたてます II	組み立てます	मिलाउनु, जोड्नु
おります I	折ります	मोड्नु, दोबार्नु, भाच्नु
きが つきます I	気が つきます	सम्झनु
［わすれものに～］	［忘れ物に～］	[भुलेको सामान～]
つけます II		लगाउनु, राख्नु
［しょうゆを～］		[सोया सस्～]
みつかります I	見つかります	भेटाउनु
［かぎが～］		[साँचो～]
しつもんします III	質問します	प्रश्न गर्नु
さします I		ओड्नु [छाता～]
［かさを～］	［傘を～］	
スポーツクラブ		खेल क्लब
［お］しろ	［お］城	महल
せつめいしょ	説明書	मार्गदर्शन (समान हरुको चलाउने तरिका हरु ब्याख्या गरेको पुस्तिका)
ず	図	चित्र
せん	線	लाइन
やじるし	矢印	तीर (साइन)
くろ	黒	कालो (संज्ञा)
しろ*	白	सेतो (संज्ञा)
あか*	赤	रातो (संज्ञा)
あお*	青	निलो (संज्ञा)
こん	紺	नेभी नीलो, गाढा निलो (संज्ञा)
きいろ*	黄色	पहेँलो (संज्ञा)
ちゃいろ*	茶色	खैरो (संज्ञा)
しょうゆ		सोया सस्
ソース		सस्
おきゃく［さん］	お客［さん］	पाहुना
～か ～		～र～
ゆうべ		हिजो राती
さっき		अघि

〈会話(かいわ)〉

茶道(さどう)	जापानी चियापान कार्यक्रम
お茶(ちゃ)を たてます II	जापानी चिया बनाउनु (चियापान कार्यक्रममा)
先(さき)に	पहिला
載(の)せます II	राख्नु, चढाउनु
これで いいですか。	यसले ठिक हुन्छ ?
いかがですか。	कस्तो छ ?
苦(にが)い	तितो

〈読(よ)み物(もの)〉

親子(おやこ)どんぶり	कुखुराको मासु र अण्डा हालेर बनाएको कचौरामा राखेको भात
材料(ざいりょう)	सामाग्री
～分(ぶん)	～भाग (मात्रा जनाउंदछ)
－グラム	－ग्राम
－個(こ)	－वटा (सानो बस्तु गन्दा प्रयोग हुन्छ)
たまねぎ	प्याज
4分(ぶん)の1（1/4）	एक चौथाई
調味料(ちょうみりょう)	मसला
適当(てきとう)な 大(おお)きさに	मिल्ने आकारमा
なべ	कराही, ताप्के, तसला
火(ひ)	आगो
火(ひ)に かけます II	आगो सल्काउनु
煮(に)ます II	पकाउनु, उसिन्नु
煮(に)えます II	पाक्छ, उसिंन्छ
どんぶり	बल, कचौरा
たちます I	बित्नु (समय)

II. अनुवाद

वाक्यको संरचना

१. शिक्षकले भनेजस्तै, लेख्छु ।
२. खाना खाइसकेपछि, दाँत माझ्छु ।
३. कफिमा चिनी नहालिकन पिउंछु ।

वाक्यको उदाहरण

१. यो नयाँ रोबोट हो ।
......कस्तो रोबोट हो ?
मान्छेले गरे अनुसार, जे पनि गर्छ ।
२. यो टेबुल आफैले जोड्ने हो ?
......हो, मार्गदर्शन पत्रमा जानकारी दिए अनुसार, जोड्नुहोस् ।
३. एकछिन पर्खिनुहोस् । सोयासस् चिनी हालेपछि, हाल्ने हो ।
......हुन्छ, थाहा पाएं ।
४. काम सकेपछि, पिउन जाने होइन ?
......माफ गर्नुहोस् । आज खेल क्लबमा जाने दिन हो ।
५. साथीको बिहेमा के लगाएर जादाँ हुन्छ ?
......अँ है, जापानमा भए केटाले कालो अथवा गाढा निलो सुट लगाई, सेतो ताइ लगाएर जान्छ ।
६. यो सस् राख्ने हो ?
......अँह, केहि पनि नराखीकन खानुहोस् ।
७. आजकल लिफ्ट नचढिकन, भर्याङ्गको प्रयोग गर्दैछु ।
......राम्रो व्यायामा हुन्छ है ।

संवाद

मैले गरेअनुसार गर्नुहोस्

क्लारा: एकपटक जापानी चियापान समारोह हेर्ने मन छ...... ।
वातानाबे: त्यसोभए, अर्कोहप्ता शनिबार संगै जाने होइन ?
....
चियाको शिक्षक: वातानाबे जी, चिया बनाउनुहोस् ।
क्लारा जी, मिठाइ लिनुहोस् ।
क्लारा: ओहो, पहिला मिठाइ खाने हो ?
चियाको शिक्षक: हो । गुलियो मिठाइ खाइसकेपछि, चिया पिउनुभयो भने, मिठो हुन्छ ।
क्लारा: हो र ।
चियाको शिक्षक: अब, चिया पिऔं ।
पहिला दाँया हातले चिया कचौरा लिई, बायाँ हातमा राख्छ ।
पछि चिया कचौरालाई २ पटक घुमाउने र त्यसपछि पिउँछ ।
क्लारा: हुन्छ ।
चियाको शिक्षक: त्यसोभए, मैले गरेअनुसार गर्नुहोस् ।
....
क्लारा: यसले ठिक छ ?
चियाको शिक्षक: हुन्छ । कस्तो लाग्यो ?
क्लारा: अलिकति तितो छ तर, मिठो छ ।

III. उपयोगी शब्द र जानकारी

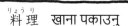

料理 <small>りょうり</small>　खाना पकाउनु

料理 <small>りょうり</small>	खाना पकाउनु
煮る <small>に</small>	पकाउनु
焼く <small>や</small>	पोल्नु
揚げる <small>あ</small>	तार्नु
いためる	भुट्नु
ゆでる	उमाल्नु
蒸す <small>む</small>	उसिन्नु
炊く <small>た</small>	बसाल्नु
むく	छिल्कनु, ताछ्नु, खुर्किनु
刻む <small>きざ</small>	काट्नु
かき混ぜる <small>ま</small>	मिसाउनु

調味料 <small>ちょうみりょう</small>　मसला

しょうゆ	सोयासस्
砂糖 <small>さとう</small>	चिनी
塩 <small>しお</small>	नुन
酢 <small>す</small>	चुक, भिनेगर
みそ	मिसो (जापानी मिसो सुप बनाउने मसला)
油 <small>あぶら</small>	तेल
ソース	सस्
マヨネーズ	मायोनेज
ケチャップ	केच्याप
からし（マスタード）	सर्सिउको धुलो, मस्टर्ड
こしょう	मरिच
とうがらし	खुर्सानी
しょうが	अदुवा
わさび	जापानी हर्सराइडिस, वासाबी
カレー粉	तरकारीमा राख्ने मसलाको धुलो

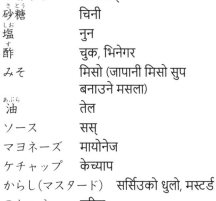

34

台所用品 <small>だいどころようひん</small>　भान्साको सरसामान

なべ	कराही, ताप्के, तसला	しゃもじ	पन्यु
やかん	किल्ली	缶切り <small>かんき</small>	टिन खोल्ने
ふた	बिर्को	栓抜き <small>せんぬ</small>	बोतल खोल्ने
おたま	डाडु	ざる	जाली
まな板 <small>いた</small>	कुनै चिज काट्नलाई राख्ने फल्याक, चपिङ बोर्ड	ポット	थर्मस
		ガス台 <small>だい</small>	ग्याँस चुल्होको स्ट्याण्ड
包丁 <small>ほうちょう</small>	चक्कु	流し[台] <small>なが だい</small>	भाँडा माझ्ने ठाउँ
ふきん	पुछ्ने कपडा	換気扇 <small>かんきせん</small>	भेन्टिलेटर
フライパン	तार्ने ताप्के		
電子オーブンレンジ <small>でんし</small>	सूक्ष्म तरङ्ग चुलो, माइक्रोवेभ		
炊飯器 <small>すいはんき</small>	राइस कुकर		

IV. व्याकरण व्याख्या

१.
क्रिया₁ た स्वरुप	
संज्ञा の	} とおりに、क्रिया₂

१) क्रिया₁ た स्वरुप とおりに、क्रिया₂

क्रिया₁ संग समान अवस्था वा तरिकाबाट क्रिया₂ लाई प्रयोग गर्नेबेला प्रस्तुत गरिन्छ ।

① わたしが やった とおりに、やって ください。
　　मैले गरे जस्तै गर्नुहोस् ।

② 見た とおりに、話して ください。
　　हेरेको जस्तै कुरा गर्नुहोस् ।

२) 　संज्ञा の とおりに、क्रिया

संज्ञाले जाहेर गरिएको मापदण्डबाट नहटिकन, कार्य सम्पादन गर्ने कार्य जनाउँदछ ।

③ 線の とおりに、紙を 切って ください。
　　धर्को अनुसार, कागजलाई काट्नुहोस् ।

④ 説明書の とおりに、組み立てました。
　　ब्याख्या गरिए अनुसार, बनाएं ।

[सावधानी] とおり संज्ञा भएकोले, この, その, あの जस्ता निश्चयवाचक शब्द सिधै जोडिएको, यस निश्चयवाचक शब्दलाई जनाउने समान अवस्था अथवा तरिकाबाट भन्ने अर्थ जनाउँन सकिने हुन्छ ।

⑤ この とおりに、書いて ください。　　यसमा जस्तो छ, त्यसरी नै लेख्नुहोस् ।

२.
क्रिया₁ た स्वरुप	
संज्ञा の	} あとで、क्रिया₂

क्रिया₂ ले, क्रिया₁ अथवा संज्ञाको पछाडि सुरु हुन्छ भन्ने जनाउँदछ ।

⑥ 新しいのを 買った あとで、なくした 時計が 見つかりました。
　　नयाँ किने पछि, हराएको घडी भेट्टाए ।

⑦ 仕事の あとで、飲みに 行きませんか。
　　काम सकेपछि, पिउँन जाने होइन ?

एउटै अर्थ जनाउँने क्रिया て स्वरुप から (पाठ १६ हेर्नुहोस्) लाई तुलना गर्दा, समय अनुसार अगाडि पछाडिको सम्बन्धमा केन्द्रित गर्ने बेला प्रयोग गरिन्छ । त्यसको साथै क्रिया て स्वरुप から संग फरक भई, क्रिया₁ अथवा संज्ञामा क्रिया₂ को जरुरी वा तयारीका कार्य भएको अर्थ चाहिँ हुँदैन ।

३.

क्रिया$_1$て**स्वरुप** **क्रिया$_1$**ない**स्वरुप**ないで	**क्रिया$_2$**

१) क्रिया$_1$ ले क्रिया$_2$ संगको सम्बन्धित कार्य वा अवस्थालाई जनाउँदछ । उदाहरणको लागि तलका उदाहरण वाक्य ⑧⑨ मा たべます भन्ने कार्य गरेको बेला, सोयासस् राख्ने नराख्ने बयान गरिएको छ । क्रिया$_1$ र क्रिया$_2$ को कार्यगर्ने मुख्य व्यक्ति एउटै हुन्छ ।

⑧ しょうゆを つけて 食(た)べます。　　　सोयासस् राखेर खान्छ ।

⑨ しょうゆを つけないで 食(た)べます。　　　सोयासस् नराखिकन खान्छ ।

२) क्रिया$_1$ない स्वरुपないで क्रिया$_2$ मा, एउटै समयमा गर्न नसकिने दुइवटा कार्य (क्रिया$_1$, क्रिया$_2$) को एकवटा कार्य (क्रिया$_2$) लाई छानेर प्रयोग गरेर प्रस्तुत गरिएको जनाइन्छ ।

⑩ 日曜日(にちようび)は どこも 行(い)かないで、うちで ゆっくり 休(やす)みます。

आइतबार कहिँपनि नगई, घरमै आनन्दले आराम गर्छु ।

पाठ ३५

I. शब्दावली

さきますⅠ	咲きます	फुल्नु
［はなが～］	［花が～］	[फूल～]
かわりますⅠ	変わります	परिवर्तन हुनु
［いろが～］	［色が～］	[रङ्ग～]
こまりますⅠ	困ります	अप्ठ्यारोमा पर्नु, समस्यामा पर्नु
つけますⅡ	付けます	लगाउनु
［まるを～］	［丸を～］	[गोलो～]
なおりますⅠ	治ります、直ります	सन्चो हुनु, ठिक हुनु
［びょうきが～］	［病気が～］	[बिरामी～]
［こしょうが～］	［故障が～］	[बिग्रेको～]
クリックしますⅢ		क्लिक गर्नु
にゅうりょくしますⅢ	入力します	इनपुट गर्नु, हाल्नु
ただしい	正しい	सत्य, ठिक
むこう	向こう	अर्को तिर, उ त्यता तिर
しま	島	टापु
みなと	港	बन्दरगाह
きんじょ	近所	घर वरिपरी, छिमेकि
おくじょう	屋上	छत
かいがい	海外	विदेश
やまのぼり	山登り	पहाड चढ्नु
れきし	歴史	इतिहास
きかい	機会	अवसर
きょか	許可	अनुमति, आज्ञा
まる	丸	गोलो
ふりがな		(खान्जीको माथि लेखिने उच्चारण)
せつび	設備	उपकरण
レバー		उत्तोलक
キー		कि (किबोर्ड को कि)
カーテン		पर्दा
ひも		धागो
すいはんき	炊飯器	राइस कुकर
は	葉	पात
むかし	昔	पहिला
もっと		अझै

これで おわりましょう。 これで 終わりましょう。 यतिमै अन्त गरौं ।

※箱根	खानागावा प्रान्तको रिसोर्ट र विदेशीको लागि घुम्ने ठाउँ
※日光	तोचिगी प्रान्तको विदेशीको लागि घुम्ने ठाउँ
※アフリカ	अफ्रिका
※マンガミュージアム	क्योटो अन्तर्राष्ट्रिय मान्गा संग्रहालय
※みんなの 学校	काल्पनिक जापानी भाषा संस्था
※大黒ずし	काल्पनिक सुशी रेस्टुरेन्ट
※IMC パソコン 教室	काल्पनिक कम्प्युटर अध्ययन संस्था
※母の 味	काल्पनिक किताब
※はる	काल्पनिक कपाल सैलुन
※佐藤歯科	काल्पनिक दन्त क्लिनिक
※毎日クッキング	काल्पनिक पाक सम्बन्धि (भान्सा) अध्ययन गर्ने संस्था

〈会話〉

それなら	त्यसो भए
夜行バス	रात्री बस
さあ	ल, अँ......, थाहा भएन (निश्चित नभएको भन्दा)
旅行社	ट्रावल एजेन्सी
詳しい	विस्तृत
スキー 場	स्की रिसोर्ट, स्की क्षेत्र
※草津	गुम्मा प्रान्तको रिसोर्ट
※志賀高原	नागानो प्रान्तको राष्ट्रिय निकुञ्ज

〈読み物〉

朱	सिन्दूरको रङ्ग (रङ्गको नाम)
交わります I	संगत गर्नु, जोडिनु
ことわざ	उखान
関係	सम्बन्ध
仲よく します III	मिलेर बस्नु
必要[な]	आवश्यक

II. अनुवाद

वाक्यको संरचना

१. बसन्त ऋतु भएपछि, पैयुँको फूल फुल्छ ।
२. मौसम राम्रो भएमा, पारितिर टापु देखिन्छ ।
३. होक्काइडो घुम्ने भए, जूनमा राम्रो हुन्छ ।

वाक्यको उदाहरण

१. गाडीको झ्याल खोल्दैन त...... ।
......त्यो बटन थिच्नुभयो भने, खुल्छ ।
२. अरु विचार छ ?
......अँह, बिशेष केहि छैन ।
केहिपनि छैन भने, यत्तिकै सकाऔं ।
३. जापानको जिवनयापन कस्तो छ ?
......एकदम सहज छ । तर, अझ अलिकति बस्तुभाउ सस्तो भएमा, अझ राम्रो हुन्छ जस्तो लाग्छ ।
४. भोली भित्रमा प्रतिवेदन नबुझाई हुँदैन हो ?
......सक्नुहुन्न भने, शुक्रबार भित्र बुझाउनुहोस् ।
५. पुस्तक सापत लिन चाहन्छु, के गर्नुपर्छ ?
......रिसेप्सनमा कार्ड बनाएर लिनुहोस् ।
६. २, ३ दिन भ्रमण गरौंकि भन्ने विचारमा छु, कहिँ राम्रो ठाँउ छैन ?
......अँ है । २, ३ दिन भए, हाकोने अथवा निक्कोउ राम्रो हुन्छ जस्तो लाग्छ ।

35

संवाद

कहिँ राम्रो ठाँउ छैन ?

थावापोन: सुजुकि जी, जाडो महिनाको बिदामा साथीसंग स्कि जान मन छ, कहिँ राम्रो ठाँउ छैन ?
सुजुकि: कतिदिनको योजना हो ?
थावापोन: ३ दिन जत्ति हो ।
सुजुकि: त्यसो भए, कुसाचु अथवा सिगाकोउगेन राम्रो हुन्छ जस्तो लाग्छ ।
ओनसेन पनि छ...... ।
थावापोन: कसरी जाँदा हुन्छ ?
सुजुकि: JR बाट पनि जान सकिन्छ तर, रात्री बसबाट भए, बिहान पुग्छ । सहज हुन्छ नी ।
थावापोन: हो र । कुन चाहिँ सस्तो हुन्छ ?
सुजुकि: खोइ...... । ट्राभल एजेन्सीमा जानुभयो भने अझै विस्तृत जानकारी थाहा पाउनुहन्छ नी ।
थावापोन: त्यसपछि स्कीको सामान र लुगा केहिपनि छैन...... ।
सुजुकि: सबै स्की गर्ने स्थानमा सापट लिन सकिन्छ नी ।
चिन्ता लाग्छ, भने ट्राभल एजेन्सीबाट रिजर्भ पनि गर्न सकिन्छ...... ।
थावापोन: हो र । धन्यवाद ।

III. उपयोगी शब्द र जानकारी

ことわざ　उखान

住(す)めば都(みやこ)

「जहाँ बस्यो त्यहिँ स्वर्ग」

जस्तो ठाँउमा पनि लामो समय बस्यो भने, त्यहाँनै सबभन्दा राम्रो लाग्दछ ।

三人(さんにん)寄(よ)れば文殊(もんじゅ)の知恵(ちえ)

「तिन जना जम्माभए मञ्जुश्रीको बुध्दि」

बिशेष व्यक्ति नभएपनि ३ जना मिलेर सल्लाह गर्योभने, राम्रो विचार आँउदछ ।

立(た)てばしゃくやく、座(すわ)ればぼたん、歩(ある)く姿(すがた)はゆりの花(はな)

उठिरहेकोबेला चिँनिया पिअनी फूल जस्तो, बसेको बेला पिअनी फूल जस्तो, हिँड्यो भने लिली फूल जस्तो । राम्री भन्ने उदाहरण ।

ちりも積(つ)もれば山(やま)となる

「थोपा थोपा मिलेर समुन्द्र बन्छ」

जस्तो सानो बस्तुभएपनि, जम्मा भयो भने पहाडजस्तै ठूलो बस्तु बन्छ ।

うわさをすれば影(かげ)

「याद गर्दा (नाम लिँदा) टुप्लुक्क आउने」

जसको बारेमा कुरागर्दै थियो, त्यो व्यक्ति आइपुग्ने अवस्था

苦(く)あれば楽(らく)あり、楽(らく)あれば苦(く)あり

「दुःख नगरी सुख आउंदैन」

दुःख गरी राख्यो भने पछि सुख पाउँछ । ठिक उल्टो, सजिलो मात्र गर्यो भने पछि गार्हो हुन्छ । मान्छेको जिवन राम्रो मात्रपनि होइन, नराम्रो मात्र पनि होइन ।

IV. व्याकरण व्याख्या

१. अवस्था स्वरुप बनाउने तरिका (मुख्य पुस्तक, पाठ ३५, अभ्यास A1 हेर्नुहोस्)

समूह I: ます स्वरुपको अन्तिम आवाजको い स्तम्भको आवाजलाई え स्तम्भको आवाजमा परिवर्तन गरी, ば लाई जोडिन्छ ।

समूह II: ます स्वरुपमा れば लाई जोडिन्छ ।

समूह III: しーます → すれば　きーます → くれば

[सावधानी] क्रियाको नकारात्मक स्वरुप (उदाहरण: いかない) लाई अवस्था स्वरुपमा लाने बेलामा, ない स्वरुप (उदाहरण: いか) मा なければ लाई जोडिन्छ ।

い विशेषण: い लाई ければ मा परिवर्तन गर्ने ।

な विशेषण: な लाई हटाएको स्वरुपमा, なら लाई जोड्ने ।

संज्ञा: なら लाई जोड्ने ।

२. अवस्था स्वरुप、～

१) पछिल्लो बिषय (वाक्यांश) को अवस्थालाई पुरा गर्न आवश्यक अवस्थालाई अघिल्लो बिषयमा जनाउँदछ ।

① ボタンを 押せば、窓が 開きます。　बटन थिच्यो भने, झ्याल खोलिन्छ ।

② 彼が 行けば、わたしも 行きます。　उहाँ जानुहुन्छ भने, म पनि जान्छु ।

③ あした 都合が よければ、来て ください。
भोलि समय ठीक छ भने, आउनुहोस् ।

④ いい 天気なら、向こうに 島が 見えます。
राम्रो मौसम भएको बेला, पारितिर टापु देखिन्छ ।

२) बिपक्षले भनेको बिषय अथवा कुनै अवस्थालाई लिएर, वक्ताको निर्णय वा उत्तर दिइन्छ ।

⑤ ボールペンが ないんですが。
……ボールペンが なければ、鉛筆で 書いて ください。
बलपेन छैन ।
......बलपेन छैन भने, सिसाकलमले लेख्नुहोस् ।

⑥ あしたまでに レポートを 出さなければ なりませんか。
……無理なら、金曜日までに 出して ください。
भोलि भित्रमा प्रतिवेदन नबुझाई हुँदैन हो ?
......सक्नु हुन्न भने, शुक्रबार भित्रमा बुझाउनुहोस् ।

मुख्यतया पछिल्लो बिषय (वाक्यांश) मा, इच्छा, आशा, आदेश र अनुरोध इत्यादि जनाउँन सकिंदैन तर, अघिल्लो बिषय र पछिल्लो बिषयको कर्ता फरक हुने अवस्था (②), अघिल्लो बिषयको वर्णन गर्ने अवस्था (③⑤) मा, प्रयोग गर्न सकिन्छ ।

[सन्दर्भको लागि] यस पाठसम्ममा अध्ययन गरेका मिल्ने अभिव्यक्तिसंग तुलना गरिएको छ ।

१) ～と (पाठ २३)
と ले, と को अगाडिको कार्य अथवा अवस्था भयो भने, पछाडि चालू रहने वाक्यांशमा प्रस्तुत गर्ने अवस्था वा कार्य, घटना, अवस्थामा अनिवार्य रुपमा निश्चितता भएको जनाइन्छ । पछिल्लो बिषय (वाक्यांश) मा, इच्छा, आशा, आदेश र अनुरोध इत्यादिको अभिव्यक्ति आउँदैन ।

⑦ ここを 押すと、ドアが 開きます。　यहाँ थिच्यो कि, ढोका खोलिन्छ ।

⑦ लाई ～ば को प्रयोग गरेर जनाउँन सकिन्छ ।

⑧　ここを 押せば、ドアが 開きます。　　　यहाँ थिच्यो भने, ढोका खोलिन्छ ।

२) ～たら (पाठ २५)

～たらमा, (१) परिस्थितिलाई जनाउँन प्रयोग र, (२) क्रिया た स्वरुप ら मा निश्चितता छ भन्ने जनाउँन प्रयोग गरिने अवस्थामा, त्यस अवस्था पुरा भएपछि, पछि आउने वाक्यांशको कार्य वा अवस्था पुरागर्ने तरिका जनाउंदछ । पछिल्लो बिषय (वाक्यांश) मा, इच्छा, आशा, आदेश र अनुरोध इत्यादि जनाउँन प्रयोग गर्न सकिन्छ ।

⑨　東京へ 来たら、ぜひ 連絡して ください。

　　टोकियोमा आउनु भयो भने, अवश्य खबर गर्नुहोस् ।

　× 東京へ 来ると、ぜひ 連絡して ください。

　× 東京へ 来れば、ぜひ 連絡して ください。

⑩　田中さんが 東京へ 来れば、[わたしは] 会いに 行きます。

　　तानाखा जी टोकियोमा आउनु भयो भने, म तपाईंलाई भेट्न जान्छु ।

⑩ को जस्तो पछिल्लो बिषय (वाक्यांश) मा, वक्ताले इच्छाइएको अवस्थामा, ～たら को प्रयोग गर्न सकिन्छ, तर ～と, ～ば प्रयोग गर्न सकिँदैन । तसर्थ, ⑩ को जस्तै अघिल्लो बिषय र पछिल्लो बिषय (वाक्यांश) को कर्ता फरक हुने अवस्थामा, पछिल्लो बिषय (वाक्यांश) मा वक्ताको इच्छा आएपनि ～ば को प्रयोग गर्न सकिन्छ । यस्तो अवस्थामा, ～たら ले सबभन्दा प्रयोग गर्ने क्षेत्र फराकिलो भन्न मिल्छ तर, बोलचालको रुपमा भएकोले, लिखित शब्दमा प्रयोग गर्न गाह्रो हुन्छ ।

३. **प्रश्नवाचक क्रिया अवस्था स्वरुप** いいですか

श्रोतालाई सल्लाह अथवा निर्देशन चाहिएको बेला प्रस्तुत गरिन्छ । पाठ २६ मा अध्ययन गरेका ～たら いいですか लाई संगै प्रयोग गर्न सकिन्छ ।

⑪　本を 借りたいんですが、どう すれば いいですか。

　　पुस्तक सापट लिन चाहन्छु, के गर्नुपर्छ ?

⑫　本を 借りたいんですが、どう したら いいですか。

　　पुस्तक सापट लिन चाहन्छु, के गर्दा हुन्छ ? (पाठ २६)

४. **संज्ञा**なら、～

संज्ञाなら、～ ले बिपक्षले सोधेको प्रश्नको जवाफ दिंदा, त्यसको बारेमा केहि जानकारी दिने अवस्थामा प्रयोग गरिन्छ ।

⑬　温泉に 行きたいんですが、どこが いいですか。

　　……温泉なら、白馬が いいですよ。

　　ओनसेन जान चाहन्छु, कुन ठाउँ राम्रो हुन्छ ?

　　......ओनसेन भए, हाकुबा राम्रो हुन्छ ।

५. ～は ありませんか **(नकारात्मक प्रश्नवाचक वाक्य)**

⑭　2、3日 旅行を しようと 思って いるんですが、どこか いい 所は ありませんか。

　　२, ३ दिन भ्रमण गरौंकि भन्ने विचारमा छु, कहिँ राम्रो ठाउँ छैन ?

⑭ को いい ところは ありませんか ले いい ところは ありますか को एउटै अर्थ हुन्छ तर, ありませんか भनेर सोध्ने बेला, बिपक्षले 「होइन」 भनेर उत्तर दिन सहज हुने भएकोले, बिपक्षको सहजतालाई ध्यानमा राखी यस खालको प्रश्न सोधिन्छ । यसप्रकारले, साधारणतया, नकारात्मकप्रश्नको स्वरुपमा, विनम्र तरिकाले सोधिन्छ । उत्तर दिने बेला, はい、あります, いいえ、ありません हुन्छ ।

पाठ ३६

I. शब्दावली

あいます I		पर्नु
[じこに～]	[事故に～]	[दुर्घटनामा～]
ちょきんします III	貯金します	बचत गर्नु
すぎます II	過ぎます	बित्नु, कट्नु
[7じを～]	[7時を～]	[७ बजे～]
なれます II	慣れます	घुलमिल हुनु
[しごとに～]	[仕事に～]	[काममा～]
くさります I	腐ります	सड्नु, गन्हाउनु
[たべものが～]	[食べ物が～]	[खानेकुरा～]
けんどう	剣道	केन्दो (जापानी तरवारले खेलिने खेल)
じゅうどう*	柔道	जुडो
ラッシュ		व्यस्त समय
うちゅう	宇宙	अन्तरिक्ष
きょく	曲	धुन
まいしゅう	毎週	प्रत्येक हप्ता
まいつき*	毎月	प्रत्येक महिना
まいとし*	毎年	प्रत्येक वर्ष
（まいねん）		
このごろ		आजकल
やっと		बल्ल
かなり		एकदम
かならず	必ず	अवश्य
ぜったいに	絶対に	पक्कैपनि
じょうずに	上手に	दक्ष तरिकाले, राम्रो संग
できるだけ		सकेसम्म
ほとんど		लगभग (सकारात्मक)
		लगभग सकिएको भन्ने (नकारात्मक)
※ショパン		चपिन, पोलिस सङ्गीतकार (१८१०－४९)

〈会話〉

お客様	पाहुना (おきゃくさん को सम्मानपुर्ण भाषा)
特別[な]	विशेष
して いらっしゃいます	गर्नु भएको छ (して います को सम्मानपुर्ण भाषा)
水泳	पौडी
違います I	फरक पर्नु, फरक हुनु
使って いらっしゃるんですね。	प्रयोग गरीराख्नु भएको छ है। (つかって いるんですね को सम्मानपुर्ण भाषा)
チャレンジします III	चुनैती गर्नु
気持ち	भावना, चाहना

〈読み物〉

乗り物	गाडी
−世紀	−शताब्दी
遠く	टाढा
珍しい	दुर्लभ, विरलै
汽車	रेल
汽船	पानी जहाज
大勢の ～	धेरै (मान्छे)
運びます I	बोक्नु
利用します III	प्रयोग गर्नु
自由に	खुला रूपमा, आजादी

36

II. अनुवाद

वाक्यको संरचना

१. छिटो पौड्नको लागि, हरेक दिन अभ्यास गर्दैछु ।
२. बल्ल साईकल चलाउन सक्ने भएको छु ।
३. हरेक दिन डायरी लेख्ने गर्दैछु ।

वाक्यको उदाहरण

१. त्यो ईलेक्ट्रोनिक शब्दकोश हो ?
......हजुर । थाहा नभएको शब्द भएमा, तुरन्त खोज्नको लागि, बोकिरहेको छु ।
२. भित्तेपात्रोको रातो गोलो कुन अर्थ हो ?
......फोहोरको दिन हो । नबिर्सिनको लागि, लगाएको हो ।
३. जापानको खाना बानी भैसक्यो ?
......हजुर । पहिला खान सक्दिनथे, अहिले जे पनि खानसक्ने भएँ ।
४. चपिनको संगीत बजाउन सक्ने भयो ?
......अहँ, अझै बजाउन सकेको छैन ।
छिटो बजाउन सक्ने हुनमन छ ।
५. नयाँ बाटो बन्यो है ।
......हजुर । श्रीमानको गाउँमा ४ घन्टामा फर्किन सक्ने भएछ ।
६. गुलियो चिज खानु हुन्न ?
......हजुर । सकेसम्म नखाने प्रयास गर्दैछु ।
७. परीक्षा ९ बजेदेखि हो । कुनै हालतमा ढिला नगर्नुहोस् । ढिला भयोभने भित्र छिर्न सकिंदैन त्यसैले ।
......हजुर, थाहा पाएं ।

36

संवाद

हरेकदिन व्यायाम गर्ने गर्छु

उद्घोषक: सबैलाई नमस्ते । आजको पाहुना यसबर्ष ८० बर्षको ओगावा योने जी हुनुहुन्छ ।
ओगावा योने: नमस्ते ।
उद्घोषक: फुर्तिलो हुनुहुन्छ है । केहि विशेष कार्य गर्दै हुनुहुन्छ ?
ओगावा योने: हरेकदिन व्यायाम गर्ने गर्छु ।
उद्घोषक: कस्तो व्यायाम हो ?
ओगावा योने: डान्स, पौडी इत्यादि...... । आजकल ५०० मिटर पौडिन सक्ने भएछु ।
उद्घोषक: कस्तो राम्रो है । खाना चाहिँ ?
ओगावा योने: जे पनि खान्छु, तर बिशेष गरी माछा मनपर्छ ।
दिनदिनै फरक खाना बनाउने प्रयास गर्दैछु ।
उद्घोषक: दिमाग र शरीरलाई राम्ररी प्रयोग गरीराख्नु भएको छ है ।
ओगावा योने: हजुर । अर्को बर्ष फ्रान्समा जाने विचारमा छु ।
त्यहि भएर फ्रेन्च भाषाको अध्ययन पनि शुरु गरें ।
उद्घोषक: जेमा पनि चुनौती गर्ने मननै महत्त्वपुर्ण छ है ।
रमाईलो कुराकानीको लागि, धेरैधेरै धन्यवाद ।

III. उपयोगी शब्द र जानकारी

健康　स्वास्थ्य

いいださん

- 規則正しい生活をする
  नियमित राम्रो जिवनयापन गर्नु
- 早寝、早起きをする
  चाँडो सुत्नु, चाँडो उठ्नु
- 運動する／スポーツをする
  व्यायाम गर्नु/खेल खेल्नु
- よく歩く
  धेरै हिँड्नु
- 好き嫌いがない
  मनपर्ने नपर्ने नभइ सबै खाने
- 栄養のバランスを考えて食べる
  पौष्टिक खाना मिलाएर खानु
- 健康診断を受ける
  आफ्नो शरिरको जाँच गराउनु

だめださん

- 夜更かしをする
  राति ढिलासम्म उठेर बस्नु
- あまり運動しない
  व्यायाम त्यत्ति नगर्ने
- 好き嫌いがある
  मनपर्ने नपर्ने छन्
- よくインスタント食品を食べる
  धेरै प्याकेट (इन्स्तान्त) खाना खानु
- 外食が多い
  धेरै बाहिर खाना खानु
- たばこを吸う
  चुरोट खानु
- よくお酒を飲む
  धेरै रक्सी पिउनु

5つの大切な栄養素とそれを含む食べ物
पाचँ मुख्य पौष्टिक तत्त्व र ति तत्त्व भएको खाना

- 炭水化物
  कार्बोहाइड्रेट, भोज्य बस्तु
- いも
  आलु, सखरखण्ड, पिँडालु
- のり　खानहुने समुन्द्रि साग
- カルシウム
  क्यालसियम
- 海草　समुन्द्रि झार
- とうふ
  तोउफु
- たんぱく質
  प्रोटिन
- 豆
  गेडागुडी
- 脂肪
  बोसो
- ビタミン
  भिटामिन

IV. व्याकरण व्याख्या

१.
| क्रिया₁ शब्दकोश स्वरुप
क्रिया₁ ない स्वरुप ない | } ように、 क्रिया₂ |

ように मा, ~ように द्वारा जनाउने अवस्थामा लाने कार्यलाई, क्रिया₂ को लक्ष्यको रुपमा जनाइन्छ । ように को अगाडि, इच्छा शक्ति नभएको क्रिया (उदाहरणः सम्भाव्य क्रिया, わかります, みえます, きこえます, なります इत्यादि) को शब्दकोश स्वरुप (①) अथवा, क्रियाको नकारात्मक स्वरुप (②) को प्रयोग गरिन्छ ।

① 速く 泳げるように、毎日 練習して います。
   छिटो पौडिनको लागि, हरेक दिन अभ्यास गर्दैछु ।

② 忘れないように、メモして ください。 नबिर्सनको लागि, टिपोट लेख्नु होला ।

२.
| क्रिया शब्दकोश स्वरुप ように なります |

१) なります ले अवस्थाको परिवर्तन जनाउँदछ । सम्भाव्य क्रिया, わかります, みえます जस्ता आउने बेला, क्रिया शब्दकोश स्वरुप ように なります ले, असक्षमको अवस्थाबाट सक्षम हुँदै आउने अवस्थालाई जनाउँदछ ।

③ 毎日 練習すれば、泳げるように なります。
   हरेक दिन अभ्यास गरेमा, पौडिन सक्ने हुन्छ ।

④ やっと 自転車に 乗れるように なりました。
   बल्ल साइकल चलाउन सक्ने भएको छु ।

२) ~ように なりましたか भन्ने प्रश्नवाचक वाक्यमा, いいえ को प्रयोग गरी नकारात्मक उत्तर दिने बेला, तलको अनुसार हुन्छ ।

⑤ ショパンの 曲が 弾けるように なりましたか。
   ……いいえ、まだ 弾けません。
   चपिनको संगीत बजाउन सक्ने भयो ?
   ......अहँ, अझै बजाउन सकेको छैन ।

[सावधानी] मुख्य पुस्तकमा प्रयोग गरिएको छैन तर, २ को वाक्य संरचनामा सम्भाव्य क्रिया, わかります, みえます बाहेकको क्रिया आयो भने, पहिला नभएको चलन नयाँ रुपमा अँगाले (⑥) को जस्तो अर्थ हुन जान्छ ।

⑥ 日本人は 100年ぐらいまえから 牛肉や 豚肉を 食べるように なりました。
   जापानीले १०० बर्ष पहिला देखि गाईको मासु र सुंगुरको मासु खान शुरु गरेका थिए ।

३.
| क्रिया शब्दकोश स्वरुप
क्रिया ない स्वरुप ない | } ように します |

१) ~ように して います
   कुनै कार्यहरु व्यवहारिक रुपमा गर्नको लागि प्रयास गर्दैछ भनेर जनाउँदछ ।

⑦ 毎日 運動して、何でも 食べるように して います。
   हरेक दिन व्यायाम गरी, सबै प्रकारका खाना खान प्रयास गर्दैछु ।

⑧ 歯に 悪いですから、甘い 物を 食べないように して います。
दाँतको लागि खराब हुने भएकोले, गुलियो चिज नखाने प्रयास गर्दैछु ।

२) ～ように して ください

कुनै कार्य पुरा गराउन प्रयास गरिएको अनुरोधको प्रस्तुति हो । ～て／～ないで ください लाई सिधै अनुरोधको प्रस्तुतिको तुलना गर्दा, ～ように して ください ले अप्रत्यक्ष रुपमा प्रस्तुत गर्ने भएकोले, ～て／～ないで ください भन्दा विनम्र प्रस्तुति हुन्छ । जसलाई तलका अनुसार प्रयोग गरिन्छ ।

⑨ もっと 野菜を 食べるように して ください。
अझ धेरै तरकारी खाने बानी गर्नुहोस् ।

⑩ 絶対に パスポートを なくさないように して ください。
बिल्कुलै राहदानी नहराउनुहोला ।

[सावधानी] ～ように して ください मा, घटनास्थलको अनुरोधमा प्रयोग गर्न सकिंदैन ।

⑪ すみませんが、塩を 取って ください。 कृपया नुनलिई दिनुहोस् ।
× すみませんが、塩を 取るように して ください。

४. 早い→早く　　上手な→上手に

विशेषणले अन्य विशेषण अथवा क्रियालाई परिमार्जन गर्ने बेला, いविशेषण～く, なविशेषण～に को स्वरुपमा प्रयोग गरिन्छ ।

⑫ 早く 上手に お茶が たてられるように なりたいです。
छिटो चिया बनाउन सिपालु हुन चाहन्छु ।

पाठ ३७

I. शब्दावली

ほめますⅡ	褒めます	प्रशंसा गर्नु
しかりますⅠ		हप्काउनु, गाली गर्नु
さそいますⅠ	誘います	संगै बोलाउनु
しょうたいしますⅢ	招待します	निमन्त्रणा गर्नु, आमन्त्रित गर्नु
たのみますⅠ	頼みます	अनुरोध गर्नु, कसैलाई केहि गराउनु
ちゅういしますⅢ	注意します	सावधान गर्नु
とりますⅠ		निकाल्नु, लैजानु (चोरेर)
ふみますⅠ	踏みます	टेक्नु
こわしますⅠ	壊します	बिगार्नु, भत्काउनु
よごしますⅠ	汚します	फोहोर गर्नु
おこないますⅠ	行います	आयोजना गर्नु
ゆしゅつしますⅢ	輸出します	निर्यात गर्नु
ゆにゅうしますⅢ	輸入します	आयात गर्नु
ほんやくしますⅢ	翻訳します	अनुवाद गर्नु
はつめいしますⅢ	発明します	आविष्कार गर्नु
はっけんしますⅢ	発見します	पत्ता लगाउनु
こめ*	米	चामल
むぎ	麦	गहुँ
せきゆ	石油	तेल, पेट्रोल
げんりょう	原料	कच्चा पदार्थ
インスタントラーメン		चाउचाउ (तत्काल खान मिल्ने)
デート		डेट (केटा केटि डेट जानु)
どろぼう	泥棒	चोर, लुटेरा
けいかん	警官	प्रहरी
せかいじゅう	世界中	संसार भरि
〜じゅう	〜中	〜भरि
ーせいき	ー世紀	ー औं शताब्दी
なにご	何語	कुन भाषा
だれか		कोहि
よかったですね。		राम्रो भयो है ।
※オリンピック		ओलम्पिक
※ワールドカップ		विश्वकप
※東大寺	とうだいじ	तोउदाईजी मन्दिर
※大仏	だいぶつ	ठूलो (महान) बुद्ध

※江戸時代 （えどじだい）	येदो काल, युग (१६०३−१८६८)
※ポルトガル	पोर्चुगल
※サウジアラビア	साउदी अरब
※ロシア	रूस

〈会話〉（かいわ）

皆様（みなさま）	महानुभावहरु, सबै जना (みなさん को सम्मानपुर्ण भाषा)
焼けますⅡ[うちが〜]（や）	आगलागी हुनु [घर〜]
その後（ご）	त्यस पछि
世界遺産（せかいいさん）	विश्व सम्पदा
〜の 一つ（ひと）	〜को एउटा
金色（きんいろ）	सुनौलोरङ्ग
本物（ほんもの）	सक्कली
金（きん）	सुन
−キロ	−किलो
美しい（うつく）	सुन्दर

〈読み物〉（よみもの）

豪華[な]（ごうか）	भव्य, शानदार
彫刻（ちょうこく）	मूर्तिकला
言い伝え（いつた）	किंवदंती, पौराणिक
眠りますⅠ（ねむ）	सुत्नु
彫りますⅠ（ほ）	कुँद्नु, बनाउनु
仲間（なかま）	साथी, मित्र, सहकर्मी
しかし	तर, तथापि
その あと	त्यस पछि
一生懸命（いっしょうけんめい）	मिहिनेतका साथ
ねずみ	मुसा
一匹も いません。（いっぴき）	एउटा पनि छैन ।
※東照宮（とうしょうぐう）	तोचिगी प्रान्त निक्को मा भएको तोकुगावा इएयासु को पवित्र स्थल (मन्दिर)
※眠り猫（ねむ ねこ）	सुतिराखेको बिरालो
※左甚五郎（ひだりじんごろう）	येदो कालको प्रसिद्ध जापानी मूर्तिकार (१५९४ − १६५१)

37

II. अनुवाद

वाक्यको संरचना

१. बच्चाबेला, आमाको धेरै गालि खाईयो ।

२. कोचाकोच भएको रेलमा खुट्टा कुल्चियो ।

३. होउर्युजी ६०७ बर्षमा बनाइएको थियो ।

वाक्यको उदाहरण

१. आज बिहान बिभाग प्रमुखले बोलाउनुभएको थियो ।

......के भएको थियो ?

व्यापारिक भ्रमणको प्रतिवेदन लेख्ने तरिकाको बारेमा सचेत गरियो ।

२. के भयो ?

......कसैबाट गल्तिले छाता साटियो ।

३. फेरी नयाँ तारा पत्ता लागेछ ।

......हो र ।

४. यसबर्षको विश्व बाल बैठक कहाँ आयोजना गरिन्छ ?

......हिरोसिमामा आयोजना गरिन्छ ।

५. बियर गहुँबाट बनाईन्छ । यो कच्चा पदार्थ गँहु हो ।

......यसबाट बियर बन्छ है ।

६. ब्राजिलमा कुन भाषाको प्रयोग गरिन्छ ?

......पोर्चुगल भाषाको प्रयोग गरिन्छ ।

संवाद

किनखाकुजी १४ औं शताब्दिमा बनाइएको थियो

37

गाईड: महिला तथा सज्जनबृन्द, त्यो प्रसिध्द सुनको मन्दिर हो ।
किनखाकुजी १४ औं शताब्दिमा बनाइएको थियो ।
सन् १९५० मा एकपटक जलेको थियो, त्यसपछि नयाँ भवन बनाई, सन् १९९४ मा विश्व
सम्पदामा संलग्न भयो । क्योटोको प्रसिध्द मन्दिर मध्ये एक हो ।

करिना: राम्रो है । भित्ता सुनौलोरङ्ग छ, साँच्चैको सुन हो ?

गाईड: हो । सुन २० किलो जति प्रयोग गरिएको थियो ।

करिना: हो र । त्यस भित्र जान मिल्छ ?

गाईड: भित्र जान मिल्दैन ।
पोखरी वरीपरी हिँड्दै हेर्नुहोस् ।

....

करिना: फिरफिरे सुन्दर छ है ।

गाईड: हजुर । किनखाकुजी फिरफिरे र हिँउपर्ने बेला बिशेष रुपमा सुन्दर हुन्छ भनिन्छ ।

III. उपयोगी शब्द र जानकारी

事故(じこ)・事件(じけん)　दुर्घटना र घटना

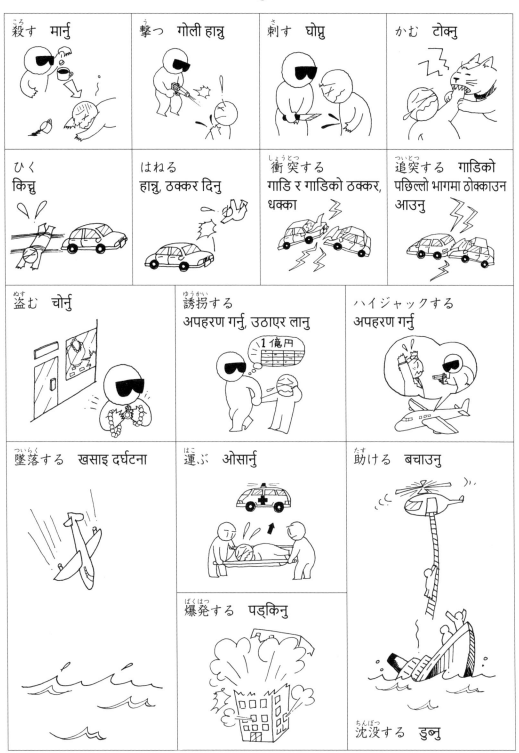

殺(ころ)す　मार्नु

撃(う)つ　गोली हान्नु

刺(さ)す　घोप्नु

かむ　टोक्नु

ひく
किच्नु

はねる
हान्नु, ठक्कर दिनु

衝突(しょうとつ)する
गाडि र गाडिको ठक्कर, धक्का

追突(ついとつ)する　गाडिको
पछिल्लो भागमा ठोक्काउन आउनु

盗(ぬす)む　चोर्नु

誘拐(ゆうかい)する
अपहरण गर्नु, उठाएर लानु

ハイジャックする
अपहरण गर्नु

墜落(ついらく)する　खसाइ दर्घटना

運(はこ)ぶ　ओसार्नु

爆発(ばくはつ)する　पड्किनु

助(たす)ける　बचाउनु

沈没(ちんぼつ)する　डुब्नु

37

IV. व्याकरण व्याख्या

१. कर्मवाच्य क्रिया

		कर्मवाच्य क्रिया	
		विनम्र स्वरुप	सामान्य स्वरुप
I	かきます	かかれます	かかれる
II	ほめます	ほめられます	ほめられる
III	きます します	こられます されます	こられる される

(मुख्य पुस्तक, पाठ ३७, अभ्यास A1 हेर्नुहोस्)

कर्मवाच्य क्रियालाई समूह II को क्रियासंग आबद्ध गरेर प्रयोग गरिन्छ ।
उदाहरणः かかれます　　かかれる　　かかれ(ない)　　かかれて

२. संज्ञा$_{१}$ (व्यक्ति$_{१}$) は संज्ञा$_{२}$ (व्यक्ति$_{२}$) に कर्मवाच्य क्रिया

व्यक्ति$_{२}$ ले व्यक्ति$_{१}$ को लागि गरिने व्यवहार र त्यो व्यवहारलाई लिनेपक्ष (व्यक्ति$_{१}$) को स्थानबाट प्रस्तुतगर्ने वाक्य संरचना हो । व्यक्ति$_{१}$ को बिषयलाई वर्णन गर्ने, कार्य गर्ने मुख्य व्यक्ति (व्यक्ति$_{२}$) मा विभक्ति に जोडेर व्यक्त गरिन्छ ।

　　先生(せんせい)が わたしを 褒(ほ)めました。　　शिक्षकले मलाई प्रशंसा गर्नुभयो ।
① わたしは 先生(せんせい)に 褒(ほ)められました。　　म शिक्षकद्वारा प्रशंसित भइयो ।

　　母(はは)が わたしに 買(か)い物(もの)を 頼(たの)みました。　　आमाले मलाई पसल पठाउनुभयो ।
② わたしは 母(はは)に 買(か)い物(もの)を 頼(たの)まれました。　　म आमाद्वारा पसल पठाइयो ।

कार्य गर्ने पात्र व्यक्ति बाहेक काम गर्ने बस्तु (जिव अथवा गाडी इत्यादि) को अवस्था पनि छन् ।
③ わたしは 犬(いぬ)に かまれました。　　म कुकुरद्वारा टोकियो ।

३. संज्ञा$_{१}$ (व्यक्ति$_{१}$) は संज्ञा$_{२}$ (व्यक्ति$_{२}$) に संज्ञा$_{३}$ を कर्मवाच्य क्रिया

व्यक्ति$_{२}$ ले व्यक्ति$_{१}$ को स्वामित्व इत्यादि (संज्ञा$_{३}$) लाई केहि कार्य गरेर, त्यस कार्यले व्यक्ति$_{१}$ (स्वामित्वको व्यक्ति) लाई, धेरै अवस्थामा, रिस उठाउने कार्य गरेको अनुभवलाई व्यक्त गरिन्छ ।

　　弟(おとうと)が わたしの パソコンを 壊(こわ)しました。　　भाईले मेरो कम्प्युटर बिगार्यो ।
④ わたしは 弟(おとうと)に パソコンを 壊(こわ)されました。　　भाईद्वारा मेरो कम्प्युटर बिगारियो ।

कार्य गर्ने पात्र व्यक्ति बाहेक काम गर्ने बस्तु (जिव अथवा गाडी इत्यादि) को अवस्था पनि छन् ।
⑤ わたしは 犬(いぬ)に 手(て)を かまれました。　　कुकुरद्वारा मेरो हात टोकियो ।

[सावधानी १] बिषयलाई प्रस्तुत गर्ने बेला, स्वामित्वको बस्तु नभई, कार्यले रिस उठाउने अनुभव गरिहेको व्यक्ति (स्वामित्वको व्यक्ति) हो । उदाहरणः ④ मा わたしの パソコンは おとうとに こわされました हुँदैन ।

[सावधानी २] यस वाक्य संरचनाको धेरै अवस्थामा, कार्य गर्ने व्यक्तिले त्यस कार्यलाई रिस उठाउने अर्थ बुझाउने भएकोले, सावधानीको जरुरत पर्दछ । केहि काम गरिदियो भने, धन्यवादको अवस्थामा 〜て もらいます को प्रयोग गरिन्छ ।

　　× わたしは 友達に 自転車を 修理されました。

⑥ わたしは 友達に 自転車を 修理して もらいました。

　　मेरो साथीले साइकल बनाइदिनुभयो ।

४. 　संज्ञा (ठोस बस्तु/अप्रत्यय बस्तु) が／は 　**कर्मवाच्य क्रिया**

कुनै कुरा वर्णनगर्ने समयमा, कार्यगर्ने व्यक्तिले विशेषगरी समस्या नल्याउने अवस्थामा, ठोस बस्तु अथवा अप्रत्यक्ष कर्ता र बस्तु कर्मवाच्य क्रियाको प्रयोग गरेर प्रस्तुत गरिन्छ ।

⑦ 大阪で 展覧会が 開かれました。

　　ओसाकामा प्रदशनी आयोजना गरीयो ।

⑧ 電話は 19世紀に 発明されました。

　　फोन १९ औं शताब्दीमा आविस्कार गरिएको थियो ।

⑨ この本は 世界中で 読まれて います。

　　यस पुस्तकलाई संसारभर पढिएको छ ।

५. 　संज्ञा から／संज्ञा で 　つくります

बस्तु बनाउने बेला, त्यसको कच्चा पदार्थ から ले, सामग्रीलाई で ले जनाउँदछ ।

⑩ ビールは 麦から 造られます。

　　बियर गहुँबाट बनाइन्छ ।

⑪ 昔 日本の 家は 木で 造られました。

　　पहिला जापानको घर काठबाट बनाइएको थियो ।

६. 　संज्ञा१の 　संज्ञा२

⑫ ビールは 麦から 造られます。　　　　बियर गँहुबाट बनाइन्छ ।
　 これが 原料の 麦です。　　　　　　　यो कच्चा पदार्थ गँहु हो ।

⑫ को げんりょうの むぎ ले, कच्चा पदार्थ गँहु हो भनेर सम्बन्धित गराइन्छ । अन्य उदाहरणका लागि, ペットの いぬ (पाठ ३९), むすこの ハンス (पाठ ४३) इत्यादि छन् ।

७. 　この／その／あの 　**संज्ञा (स्थान)**

うえ, した, なか, となり, ちかく जस्ता स्थान जनाउने संज्ञामा この, その, あの लाई जोडिने, निश्चयवाचक प्रणालीले जनाउने बस्तुसंगको स्थानसंग सम्बन्धित छ भनेर जनाइन्छ ।

⑬ あの 中に 入れますか。　　　　　　　उ त्यस भित्र छिर्न सकिन्छ ?

⑬ को あの なか ले あの たてものの なか को अर्थ हो ।

37

पाठ ३८

I. शब्दावली

さんかしますⅢ ［りょこうに～］	参加します ［旅行に～］	भाग लिनु [भ्रमणमा～]
そだてますⅡ	育てます	पाल्नु, हुर्काउनु
はこびますⅠ	運びます	बोक्नु
にゅういんしますⅢ	入院します	भर्ना हुनु
たいいんしますⅢ	退院します	डिस्चार्ज हुनु, अस्पताल छोड्नु
いれますⅡ* ［でんげんを～］	入れます ［電源を～］	जोड्नु [स्विच～]
きりますⅠ ［でんげんを～］	切ります ［電源を～］	छुटाउनु, निभाउनु [स्विच～]
かけますⅡ ［かぎを～］	掛けます	लगाउनु [चाबी, साँचो～]
つきますⅠ ［うそを～］		बोल्नु [झुट～]
きもちが いい	気持ちが いい	राम्रो महसुस
きもちが わるい*	気持ちが 悪い	नराम्रो महसुस
おおきな ～	大きな ～	ठुलो～
ちいさな ～	小さな ～	सानो～
あかちゃん	赤ちゃん	शिशु, बच्चा
しょうがっこう	小学校	प्राथमिक बिद्यालय (१ – ६ कक्षा सम्म)
ちゅうがっこう*	中学校	(निम्न) माध्यमिक बिद्यालय (७ – ९ कक्षा सम्म)
えきまえ	駅前	रेल स्टेसन अगाडी
かいがん	海岸	समुन्द्री तट
こうじょう	工場	कारखाना
むら	村	गाउँ
かな		हिरागाना र काताकाना लिपि
ゆびわ	指輪	औँठी
でんげん	電源	(बिजुली) स्विच
しゅうかん	習慣	बानी
けんこう	健康	स्वास्थ्य
～せい	～製	～मा बनेको
おととし		परार (दुई वर्ष पहिले)

[あ、] いけない。	[ए,] हुँदैन ।
おさきに [しつれいします]。　お先に [失礼します]。	सर्वप्रथम जान लागेकोमा माफ गर्नुहोला ।
※原爆(げんばく)ドーム	अणु बमको गुंबद (हिरोशिमा शान्ति स्मारक)
※出雲大社(いずもたいしゃ)	सिमाने प्रान्त इजुमी मा भएको पवित्र स्थल (मन्दिर)
※チェンマイ	चियागं माई (थाईल्याण्डको)

〈会話(かいわ)〉

回覧(かいらん)	सूचना पत्र (एक पछि अर्का ले हेर्दै जाने प्रक्रिया)
研究室(けんきゅうしつ)	प्रयोगशाला, पढ्ने कोठा
きちんと	ठिक तरिकाले, राम्रोसंग
整理(せいり)しますⅢ	मिलाउनु
方法(ほうほう)	तरिका
～と いう	～भन्ने
－冊(さつ)	(पुस्तक आदि गन्दा प्रयोग गरिन्छ)
はんこ	छाप
押(お)しますⅠ [はんこを～]	लगाउनु [छाप～]

〈読(よ)み物(もの)〉

双子(ふたご)	जुडुवा
姉妹(しまい)	दिदीबहिनी
5年生(ねんせい)	५ कक्षाका विद्यार्थी
似(に)て いますⅡ	उस्तै छ, समान छ
性格(せいかく)	चरित्र
おとなしい	नम्र
優(やさ)しい	दयालु, मिजासिलो, सजिलो
世話(せわ)を しますⅢ	सेवा गर्नु
時間(じかん)が たちますⅠ	समय बित्नु
大好(だいす)き[な]	एकदम मन पर्नु
－点(てん)	－नम्बर
気(き)が 強(つよ)い	कठोर मनको, बलियो मनको
けんかしますⅢ	झगडा गर्नु
不思議(ふしぎ)[な]	अनौठो, अचम्म
年齢(ねんれい)	उमेर
しかた	गर्ने तरिका

II. अनुवाद

वाक्यको संरचना

१. चित्र कोर्न रमाईलो छ ।
२. मलाई तारा हेर्न मन लाग्छ ।
३. पर्स ल्याउन बिर्सेछु ।
४. म जापानमा आएको गत बर्षको मार्चमा हो ।

वाक्यको उदाहरण

१. डायरी लेखी राख्नु भएको छ ?
......छैन, ३ दिनमा लेख्न छोडें ।
शुरु गर्न सजिलो छ तर, निरन्तरता दिन गाह्रो छ है ।
२. सुन्दर बगैंचा है ।
......धन्यवाद ।
श्रीमान् फूल हुर्काउन शिपालु हुनुहुन्छ ।
३. टोकियो कस्तो लाग्यो ?
......मानिसहरु धेरै छन् । त्यसमाथी सबैजना छिटो हिँड्छन् ।
४. ओहो, गल्ति गरेछु ।
......के भयो ?
गाडिको झ्याल बन्द गर्न बिर्सें ।
५. मियाजाकि जीलाई बच्चा भएको थाहा छ ?
......अहँ, थाहा थिएन । कहिले हो ?
१ महिना जत्ति अघि हो ।
६. पहिलो पटक मनपरेको व्यक्तिको याद छ ?
......हजुर । उनीलाई पहिलो पटक भेटेको प्राथमिक विद्यालयको कक्षामा हो ।
उनी संगीतको शिक्षक हुनुहुन्थ्यो ।

38

संवाद

सामान मिलाउन मन लाग्छ

विश्वविद्यालयको कर्मचारी: वाट्ट सर, सूचना पत्र हो ।
वाट्ट: ओहो, धन्यवाद । त्यहाँ राख्नुहोस् ।
विश्वविद्यालयको कर्मचारी: सरको प्रयोगशाला जहिलेपनि चितिक्क परेको छ है ।
वाट्ट: मलाई सामान मिलाउन मन लाग्छ ।
विश्वविद्यालयको कर्मचारी: पुस्तक पनि मिलाएर लाईन लगाइएको छ...... ।
मिलाउन शिपालु हुनुहुन्छ है ।
वाट्ट: पहिला『सामान मिलाउने शिपालु तरिका』भन्ने पुस्तक लेखेको थिएं ।
विश्वविद्यालयको कर्मचारी: हो र, कस्तो राम्रो है ।
वाट्ट: त्यत्ति बिक्री भएन नि । यदि मनपर्छ भने, १ वटा ल्याइ दिउं ?

....

विश्वविद्यालयको कर्मचारी: शुभ बिहानी ।
वाट्ट: अरे, पुस्तक ल्याउन बिर्स्यो । माफ गर्नुहोस् ।
विश्वविद्यालयको कर्मचारी: भैहाल्छनि । तर, सूचना पत्रमा छाप चाहिँ लगाउन नबिर्सनुहोस् ।
अघिल्लो महिनापनि छाप लगाउनु भएको थिएन ।

III. उपयोगी शब्द र जानकारी

位置　स्थान

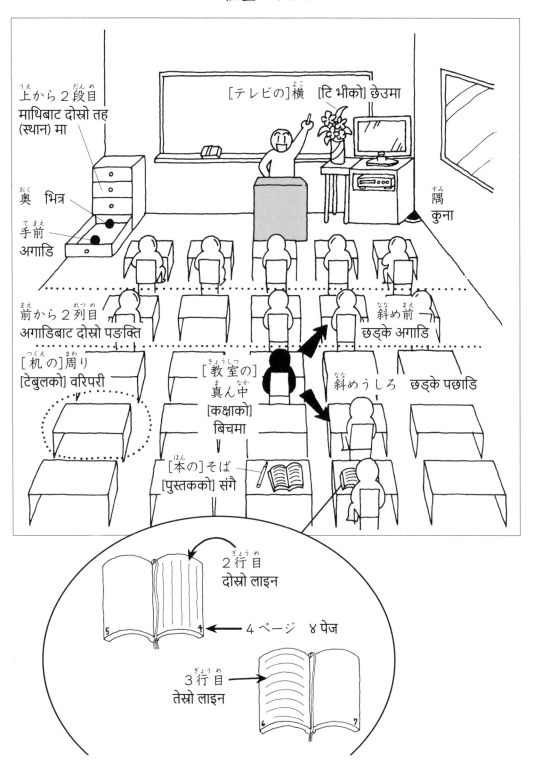

上から2段目　माथिबाट दोस्रो तह (स्थान) मा

[テレビの]横　[टि भीको] छेउमा

奥　भित्र

手前　अगाडि

隅　कुना

前から2列目　अगाडिबाट दोस्रो पङ्क्ति

斜め前　छड्के अगाडि

[机の]周り　[टेबुलको] वरिपरी

[教室の]真ん中　[कक्षाको] बिचमा

斜めうしろ　छड्के पछाडि

[本の]そば　[पुस्तकको] संगै

2行目　दोस्रो लाइन

4ページ　४ पेज

3行目　तेस्रो लाइन

83

38

IV. व्याकरण व्याख्या

१. नामपूरक गर्ने の

の ले बिभिन्न प्रकारका नामपूरकको कार्य गर्दछ । の संग जोड्ने क्रिया, विशेषण र संज्ञाको विनम्र स्वरुप नभई, सामान्य स्वरुपमा लग्ने । नामपूरक गरेका प्रस्तुतिलाई, तलका अनुसार बिभिन्न तत्वमा हुन्छ ।

२. **क्रिया शब्दकोश स्वरुप**のは **विशेषण**です

① テニスは おもしろいです。　　टेनिस चाखलाग्दो छ ।

② テニスを するのは おもしろいです。　　टेनिस खेल्नु चाखलाग्दो छ ।

③ テニスを 見るのは おもしろいです。　　टेनिस हेर्नु चाखलाग्दो छ ।

क्रिया शब्दकोश स्वरुपの लाई बिषय बनाएर は राखेर वाक्य संरचना गरिन्छ । यस वाक्य संरचनामा धेरै प्रयोग गरिने विशेषणमा, むずかしい, やさしい, おもしろい, たのしい, たいへん[な] इत्यादि छन् ।

① को जस्तो の को प्रयोग नगरी वाक्यमा तुलना गरी, の को प्रयोग ② अथवा ③ मा मुख्य रुपमा,「टेनिस खेल्ने काम」「टेनिस हेर्ने काम」लाई चाखलाग्दो छ भनेर बयान गरिएको छ ।

३. **क्रिया शब्दकोश स्वरुप**のが **विशेषण**です

④ わたしは 花が 好きです。　　मलाई फूल मनपर्छ ।

⑤ わたしは 花を 育てるのが 好きです。　　मलाई फूल हुर्काउन मनपर्छ ।

⑥ 東京の 人は 歩くのが 速いです。　　टोकियो वासीको हिंडाई छिटो छ।

क्रिया शब्दकोश स्वरुप の ले विशेषणलाई मुख्य रुपमा बयान गरिन्छ । यस वाक्य संरचनामा धेरै प्रयोग गरिएको विशेषणमा, प्राथमिकता, सिप र क्षमता जनाउने विशेषण, उदाहरणको लागि, すき[な], きらい[な], じょうず[な], へた[な], はやい, おそい इत्यादि छन् ।

४. **क्रिया शब्दकोश स्वरुप**のを 忘れました　～बिर्सें

⑦ かぎを 忘れました。　　साँचो बिर्सें ।

⑧ 牛乳を 買うのを 忘れました。　　दूध किन्न बिर्सें ।

⑨ 車の 窓を 閉めるのを 忘れました。　　गाडीको झ्याल बन्द गर्न बिर्सें ।

क्रिया शब्दकोश स्वरुपの लाई を कारकमा लगेका उदाहरण छन् । बिर्सिएका बिषयलाई मुख्य रुपमा व्याख्या गरिएका छन् ।

५. **क्रिया सामान्य स्वरुप**のを 知って いますか　थाहा छ ?

क्रिया सामान्य स्वरुपの लाई を कारकमा लगेका उदाहरण छन् । मुख्य रुपमा बिषय-बस्तुको अवस्थामा, त्यस बारेमा थाहा छ छैन प्रश्न गर्दा प्रयोग गरिन्छ ।

⑩ 鈴木さんが 来月 結婚するのを 知って いますか。

सुजुकि जी अर्को महिना बिहे गर्ने कुरो थाहा छ ?

[सावधानी] しりません र しりませんでした को फरक

⑪　木村(きむら)さんに　赤(あか)ちゃんが　生(う)まれたのを　知(し)って　いますか。

……いいえ、知(し)りませんでした。

किमुरा जीलाई बच्चा भएको थाहा छ ?

......अहँ, थाहा थिएन ।

⑫　ミラーさんの　住所(じゅうしょ)を　知(し)って　いますか。

……いいえ、知(し)りません。

मिलर जीको ठेगाना थाहा छ ?

......अहँ, थाहा छैन ।

⑪ मा श्रोताले प्रश्न गर्ने बेलासम्म, 「बच्चा भएको」 भन्ने खबर थाहा थिएन, प्रश्न अनुसार त्यो खबर थाहा पाएको हुनाले, しりませんでした उत्तर दिएको छ । ठिक विपरित, ⑫ मा प्रश्न भन्दा पहिला पनि, साथ साथै प्रश्न अनुसार खबर नभएको हुनाले, しりません उत्तर दिएको ।

६.

क्रिया い**विशेषण**	**सामान्य स्वरुप**	のは　**संज्ञा२**です
な**विशेषण** **संज्ञा१**	**सामान्य स्वरुप** ～だ→～な	

यस वाक्य संरचनामा संज्ञा२ लाई जोड दिएर भन्ने तरिका हो ।

⑬　初(はじ)めて　会(あ)ったのは　いつですか。

……３年(ねん)まえです。

पहिलोचोटि कहिले भेटेको हो ?

......३ बर्ष अगाडि हो ।

⑬ मा वक्ताले सोध्न चाहेको, पहिला भेटेको सम्बन्धमा, त्यो भेटेको कहिले हो, भनेर थाहा पाउनको लागि हो ।

यस वाक्य संरचनामा, ⑭ को जस्तो, बिपक्षले भनेको कुरा सच्याउने बेलामा प्रयोग गरिन्छ ।

⑭　バンコクで　生(う)まれたんですか。

……いいえ、生(う)まれたのは　チェンマイです。

बैंककमा जन्मेको थियो हो ?

......होइन, जन्मेको त चेन माइमा हो ।

～のは को अगाडि वाक्यको बिषयमा は नभई, が ले जनाउँदछ ।

⑮　父(ちち)が　生(う)まれたのは　北海道(ほっかいどう)の　小(ちい)さな　村(むら)です。

बुबा जन्मेको ठाँउ होक्काइडोको सानो गाउँ हो ।

पाठ ३९

I. शब्दावली

こたえますⅡ ［しつもんに～］	答えます ［質問に～］	उत्तर दिनु [प्रश्नको~]
たおれますⅡ ［ビルが～］	倒れます	लड्नु, ढल्नु [भवन~]
とおりますⅠ ［みちを～］	通ります ［道を～］	जानु, पास हुनु [बाटो बाट~]
しにますⅠ	死にます	मर्नु, बित्नु
びっくりしますⅢ		छक्क पर्नु
がっかりしますⅢ		निराश महसुस गर्नु
あんしんしますⅢ	安心します	ढुक्क हुनु
けんかしますⅢ		झगडा गर्नु
りこんしますⅢ	離婚します	छोडपत्र, सम्बन्ध बिच्छेद गर्नु
ふとりますⅠ	太ります	मोटाउनु
やせますⅡ*		दुब्लाउनु
ふくざつ［な］	複雑［な］	जटिल
じゃま［な］	邪魔［な］	रोकावट
かたい	硬い	कडा
やわらかい*	軟らかい	नरम
きたない	汚い	फोहोर
うれしい		खुशी
かなしい	悲しい	दुःखी
はずかしい	恥ずかしい	लज्जित
しゅしょう	首相	प्रधानमन्त्री
じしん	地震	भूकम्प
つなみ	津波	चुनामी
たいふう	台風	तैफुन (हावाहुरी)
かみなり	雷	चट्याङ्ग
かじ	火事	आगलागी
じこ	事故	दुर्घटना
ハイキング		पैदल यात्रा (पहाड मा बिस्तारै जानु)
［お］みあい	［お］見合い	मागी विवाह
そうさ	操作	सञ्चालन (～します：सञ्चालन गर्नु)
かいじょう	会場	हल
～だい	～代	शुल्क, भाडा, फीस
～や	～屋	~पसले (जस्तैः पाउरोटी पसले, किराना पसले)

フロント		फ्रन्ट, होटलको काउन्टर
ーごうしつ	ー号室	कोठा नम्बर –
タオル		तौलिया, रुमाल
せっけん		साबुन
おおぜい	大勢	धेरै (मानिस)
おつかれさまでした。	お疲れさまでした。	हजुरको कडा परिश्रमको लागी धन्यवाद । (काम सके पछि संगै काम गर्ने साथीहरुलाई भनिने वाक्य)
うかがいます。	伺います。	म आउछु । (いきます को नम्र भाषा)

〈会話(かいわ)〉

途中(とちゅう)で	बिचमा
トラック	ट्रक
ぶつかります I	ठोक्किनु

〈読(よ)み物(もの)〉

大人(おとな)	वयस्क
しかし	तर, तथापी
また	फेरी
洋服(ようふく)	पश्चिमी कपडा
西洋化(せいようか)します III	पश्चिमी मुलुक जस्तो हुनु
合(あ)います I	मिल्नु
今(いま)では	हाल
成人式(せいじんしき)	आउँदै गरेको उमेर समारोह (२० वर्षमा हुदा गरिने समारोह)
伝統的(でんとうてき)[な]	परम्परागत

39

II. अनुवाद

वाक्यको संरचना

१. समाचार सुनेर, अचम्म भएँ ।
२. भुकम्पले बिल्डिङ्ग भत्कियो ।
३. सन्चो नभएकोले, अस्पताल जान्छु ।

वाक्यको उदाहरण

१. तपाईंको ओमिआई कस्तो भयो ?
......फोटो हेर्दा राम्रो मान्छे होला भन्ने थियो तर, भेटेर हेर्दा निराश भएँ ।
२. अब आउने शनिबार सबैजना हाईकिङ्ग जानलागेको छु, संगै जाने होईन ?
......माफ गर्नुहोस् । शनिबार परिस्थिति नराम्रो भएकोले, जान सक्दिन ।
३. हिजोको चलचित्र कस्तो भयो ?
......कथा अलि जतिल भएकोले, त्यत्ति बुझिंन ।
४. ढिला भएकोले, माफ गर्नुहोस् ।
......के भएको थियो ?
दुर्घटनाले बस ढिला भयो ।
५. एकछिन पिउन जाने होईन ?
......माफ गर्नुहोस् । काम भएको हुनाले, छिटो फर्किन्छु ।
हो र । फेरी भेटौला ।
६. आजकल भुईंमा सुतिरहेकोले, एकदम सहज छ ।
......खात के गर्नुभयो ?
कोठा सानो भई अप्ठ्यारो भएकोले, साथीलाई दिएं ।

संवाद

ढिला भएकोले माफ गर्नुहोस्

मिलर: सर, ढिला भएकोले माफ गर्नुहोस् ।
नाखामुरा शाखा प्रमुख: मिलर जी, के भएको थियो ?
मिलर: साँच्चै भन्ने हो भने, आँउदा आँउदै बिचमा दुर्घटना भएकोले, बस ढिला भएको थियो ।
नाखामुरा शाखा प्रमुख: बसको दुर्घट्ना हो ?
मिलर: होईन । चौबाटोमा ट्रक र गाडि ठोक्किएर, बस चलेको थिएन ।
नाखामुरा शाखा प्रमुख: त्यो त साह्है गाह्रो भयो है ।
खबर नआएकोले, सबैले पिर गर्दै थियो ।
मिलर: फोन गर्न मन थियो तर, मोबाईल घरमै बिर्सेकोले...... । माफ गर्नुहोस् ।
नाखामुरा शाखा प्रमुख: थाहा पाएँ ।
अब, बैठक शुरु गरौं ।

III. उपयोगी शब्द र जानकारी

気持ち(きもち) अनुभुति, धारणा

うれしい
खुशी

楽(たの)しい
रमाइलो

寂(さび)しい
एक्लो

悲(かな)しい
उदास, दुःखी

おもしろい
रोचक, चाखलाग्दो

うらやましい
इर्ष्यालु, डाढे

恥(は)ずかしい
लजाउनु

懐(なつ)かしい
सम्झना, याद आउनु,
न्यास्रो लाग्नु

故郷

びっくりする
अचम्म हुनु

がっかりする
निराश, हताश हुनु

不合格

うっとりする
मन्त्रमुग्ध हुनु

いらいらする
चिढ्नु, रिस उठ्नु,
दिक्क लाग्नु

どきどきする
धुक धुक हुनु

はらはらする
तनाव, बेचैनी, व्यग्रता

わくわくする
उक्सिनु, उत्तेजित हुनु

旅行
休み

89

IV. व्याकरण व्याख्या

१. ～て(で)、～

पाठ १६, पाठ ३४ मा, ～て(で)、～ भन्ने वाक्य संरचनाको अध्ययन गरियो, यस पाठमा, अघिल्लो बिषय (～て(で) को भाग) मा कारण र अवस्थालाई जनाई, पछिल्लो बिषयमा अघिल्लो बिषयले ल्याएको परिणाम जनाउने प्रयोगको अध्ययन गरिन्छ । पछिल्लो बिषयमा, इच्छाशक्ति होइन भनेर जनाई, अवस्थाको अभिव्यक्ति आउंदछ ।

१)
क्रिया て स्वरुप
क्रिया ない स्वरुप なくて
い विशेषण (～~~い~~)→～くて
な विशेषण [~~な~~]→で
} 、～

पछिल्लो बिषयलाई, मुख्य रुपमा तलका अनुसार प्रस्तुत गरिन्छ ।

(१) मनोभाव जनाउने क्रियाविशेषण びっくりします, あんしんします, こまります, さびしい, うれしい, ざんねん[な] इत्यादि ।

① ニュースを 聞いて、びっくりしました。
समाचार सुनेर, अचम्म भएँ ।

② 家族に 会えなくて、寂しいです。
परिवारलाई भेट्न नपाएर, न्यास्रो लाग्यो ।

(२) सम्भाव्य अथवा अवस्था जनाउने क्रिया, प्रस्तुति

③ 土曜日は 都合が 悪くて、行けません。
शनिबार परिस्थिति नराम्रो भएकोले, जान सक्दिन ।

④ 話が 複雑で、よく わかりませんでした。
कुरा जतिल भएकोले, राम्ररी बुझ्न सकिएन ।

⑤ 事故が あって、バスが 遅れて しまいました。
दुर्घटना भएकोले, बस ढिला भयो ।

⑥ 授業に 遅れて、先生に しかられました。
कक्षामा ढिला भएकोले, शिक्षकले गाली गर्नुभयो ।

[सावधानी] पछिल्लो बिषयमा इच्छा संलग्न भएको प्रस्तुति (इच्छा, आदेश, बिन्ति, अनुरोध) को प्रयोग गर्ने अवस्थामा, ～から को प्रयोग गरिन्छ ।

⑦ 危ないですから、機械に 触らないで ください。
खतरनाक भएकोले, मेशिनलाई नछुनुहोला ।

× 危なくて、機械に 触らないで ください。

२) संज्ञाで

संज्ञामा, じこ (दुर्घटना), じしん (भुकम्प), かじ (आगलागी) इत्यादि को जस्तै, प्राकृतिक घटना, दुर्घटना, घटनालाई धेरैजसो जनाइन्छ ।

⑧ 地震で ビルが 倒れました。　　भुकम्पले बिल्डिङ्ग भत्कियो ।

⑨ 病気で 会社を 休みました。　　बिरामीले कार्यालय बिदा बसें ।

२.

क्रिया	**सामान्य स्वरुप**		
い**विशेषण**		ので、〜	
な**विशेषण**	**सामान्य स्वरुप**		
संज्ञा	〜だ→〜な		

पाठ ९ मा अध्ययन गरेको 〜から को जस्तै, 〜ので ले पनि कारण र अवस्थालाई जनाउँदछ । ので ले मूलतः विभिन्न अवस्थाको सम्बन्ध (कारण र परिणाम) जनाई, कारणबाट परिणाम सम्म पुर्याउने अवस्थालाई बयान गर्ने अवस्थामा बोक्ने हुनाले, अनुमति माग्ने बेलाको कारण अथवा बहानालाई नरम रुपमा प्रस्तुत गर्ने बेला उपयुक्त हुन्छ ।

⑩ 日本語（にほんご）が わからないので、英語（えいご）で 話（はな）して いただけませんか。
जापानी भाषा नबुझ्ने भएकोले, अंग्रेजी भाषामा कुरा गरी दिनु हुन्छ कि ?

⑪ 用事（ようじ）が あるので、お先（さき）に 失礼（しつれい）します。
काम भएको हुनाले, छिटो फर्किन्छु माफ गर्नुहोला ।

३. 途中（とちゅう）で

とちゅうで ले कहिँ सर्नेबेला बिचको एक ठाउँमा भन्ने अर्थ हुन्छ । क्रिया शब्दकोश स्वरुप अर्थात्, संज्ञा の संगै प्रयोग गरिन्छ ।

⑫ 実（じつ）は 来（く）る 途中（とちゅう）で 事故（じこ）が あって、バスが 遅（おく）れて しまったんです。
साँच्चै भन्ने हो भने, आउँदा आउँदै बिचमा दुर्घटना भएकोले, बस ढिला भएको थियो ।

⑬ マラソンの 途中（とちゅう）で 気分（きぶん）が 悪（わる）く なりました。
म्याराथुन दौडको बिचमा सन्चो भएको थिएन ।

पाठ ४०

I. शब्दावली

かぞえますⅡ	数えます	गन्नु
はかりますⅠ	測ります、量ります	जोख्नु, नाप्नु
たしかめますⅡ	確かめます	निश्चित गर्नु
あいますⅠ ［サイズが～］	合います	मिल्नु [साइज～]
しゅっぱつしますⅢ*	出発します	प्रस्थान गर्नु
とうちゃくしますⅢ	到着します	आईपुग्नु
よいますⅠ	酔います	मात्नु
うまく いきますⅠ		राम्रो हुनु
でますⅡ ［もんだいが～］	出ます ［問題が～］	आउनु [प्रश्न～]
そうだんしますⅢ	相談します	परामर्श, सल्लाह लिनु
ひつよう［な］	必要［な］	आवश्यक
てんきよほう	天気予報	मौसम पुर्वानुमान
ぼうねんかい	忘年会	सालको अन्तमा गरिने पार्टी
しんねんかい*	新年会	नयाँ वर्षको पार्टी
にじかい	二次会	दोश्रो पार्टी
はっぴょうかい	発表会	प्रस्तुति बैठक
たいかい	大会	प्रतियोगिता
マラソン		म्याराथुन, दौड
コンテスト		प्रतियोगिता
おもて	表	अगाडि, बाहिरी भाग
うら*	裏	पछाडी, भित्रि भाग
まちがい		भुल, गल्ती
きず	傷	दाग
ズボン		पाईन्ट
［お］としより	［お］年寄り	उमेर पुगेका व्यक्ति (बुढा बुढी)
ながさ*	長さ	लम्बाई
おもさ	重さ	तौल, वजन
たかさ	高さ	उचाई
おおきさ*	大きさ	आकार
［－］びん	［－］便	उडान नम्बर
－こ*	－個	－वटा (सानो वस्तु गन्दा प्रयोग गरिन्छ)
－ほん （－ぽん、－ぼん）	－本	(लामो वस्तु गन्दा प्रयोग गरिन्छ)

－はい （－ぱい、－ばい）*	－杯	－गिलास (गिलास, कप गन्दा प्रयोग गरिन्छ)
－センチ*		－सेन्टीमिटर
－ミリ*		－मिलिमिटर
－グラム*		－ग्राम
～いじょう*	～以上	～यति भन्दा धेरै, ～भन्दा बढी
～いか	～以下	～यति भन्दा थोरै, ～भन्दा कम
※長崎（ながさき）		नागासाकी प्रान्तको शदरमुकाम
※仙台（せんだい）		मियागी प्रान्तको शदरमुकाम
※ JL		जापानको हवाईउडान कम्पनी
※七夕祭り（たなばたまつり）		स्टार महोत्सव
※東照宮（とうしょうぐう）		तोचिगी प्रान्त निक्को मा भएको तोकुगावा इएयासु को पवित्र स्थल (मन्दिर)

〈会話（かいわ）〉

どうでしょうか。	कस्तो छ ? (どうですか को विनम्र भाषा)
テスト	जाँच, परिक्षा
成績（せいせき）	प्राप्तांक, नतिजा
ところで	खैर, प्रसङ्गवश
いらっしゃいますⅠ	आउनु हुन्छ (きます को सम्मानपुर्ण भाषा)
様子（ようす）	हालचाल

〈読み物（よみもの）〉

事件（じけん）	घटना, घट्ना
オートバイ	मोटर साइकल
爆弾（ばくだん）	बम
積（つ）みますⅠ	लोड गर्नु, चांग लगाउनु
運転手（うんてんしゅ）	ड्राइवर, चालक
離（はな）れた	छोड्यो, टाढा गयो
急（きゅう）に	अचानक
動（うご）かしますⅠ	चलाउनु
一生懸命（いっしょうけんめい）	परिश्रमका साथ
犯人（はんにん）	अपराधि
男（おとこ）	केटा
手（て）に入（い）れますⅡ	पाउनु, पाउन सफल हुनु
今（いま）でも	अहिले पनि

II. अनुवाद

वाक्यको संरचना

१. JL107 को जहाज कतिबजे पुग्छ, पत्ता लगाउनुहोस् ।
२. तैफुन ९ नम्बर टोकियोमा आउंछ आउंदैन, अहिले थाहा छैन ।
३. यो लुगा लगाएर हेर्दा हुन्छ ?

वाक्यको उदाहरण

१. फेरी पिउन कहाँ जानुभयो ?
......रक्सी लागेकोले, कहाँ गएँ, केहि याद भएन ।
२. पहाडको उचाई कसरी नाप्छ, थाहा छ ?
......अँह...... । ईन्टरनेटमा खोजौं ।
३. हामी पहिलोपटक कहिले, भेटेको याद छ ?
......धेरै पहिला भएकोले, अहिले बिर्सीसकें ।
४. बर्षको अन्तिम पार्टिमा भाग लिने नलिने, मेलबाट उत्तर दिनुहोस् ।
......हुन्छ, थाहा पाएँ ।
५. विश्वविद्यालयमा बुझाउने कागजात, मिल्छ मिल्दैन एकचोटि, हेरी दिनुहुन्छ कि ?
......हुन्छ नी ।
६. नागासाकी जानुभएको थियो ?
......गएको छैन । अवश्य एकचोटी जान मन छ ।

संवाद

साथी बन्यो कि बनेन, पिर लागिरहेको छ

क्लारा: सर, हान्स विद्यालयमा कस्तो छ ?
साथी बन्यो कि बनेन, पिर लागिरहेको छ...... ।
ईतोउ शिक्षक: ठिक छ नी ।
हान्स कक्षामा एकदम लोकप्रिय छ ।
क्लारा: हो र । ढुक्क भएँ ।
पढाई कस्तो छ ? खान्जी गाह्रो छ भन्दै थियो...... ।
ईतोउ शिक्षक: दिनदिनै खान्जीको परीक्षा लिदै छु, हान्सको नतिजा राम्रो छ ।
क्लारा: हो र । धन्यवाद ।
ईतोउ शिक्षक: प्रसङ्गवस्, छिट्टै खेलकुद दिवस हुँदैछ, बुबा पनि आउनु हुन्छ ?
क्लारा: हजुर ।
ईतोउ शिक्षक: हान्स विद्यालयको क्रियाकलाप कस्तो छ, अवस्य एकपटक हेर्नुहोस् ।
क्लारा: थाहा पाएँ । धन्यावाद ।

III. उपयोगी शब्द र जानकारी

単位(たんい)・線(せん)・形(かたち)・模様(もよう) नाप, रेखा, आकार, ढाँचा

面積(めんせき) क्षेत्रफल

cm^2	平方(へいほう)センチメートル	वर्ग सेन्टिमिटर
m^2	平方(へいほう)メートル	वर्ग मिटर
km^2	平方(へいほう)キロメートル	वर्ग किलोमिटर

長(なが)さ लम्बाई

mm	ミリ[メートル]	मिलिमिटर
cm	センチ[メートル]	सेन्टिमिटर
m	メートル	मिटर
km	キロ[メートル]	किलोमिटर

体積(たいせき)・容積(ようせき) मात्रा र आयतन

cm^3	立方(りっぽう)センチメートル	घन सेन्टिमिटर
m^3	立方(りっぽう)メートル	घन मिटर
ml	ミリリットル	मिलिलिटर
cc	シーシー	सि सि
ℓ	リットル	लिटर

重(おも)さ तौल

mg	ミリグラム	मिलिग्राम
g	グラム	ग्राम
kg	キロ[グラム]	किलोग्राम
t	トン	टन

計算(けいさん) गणना

1	+	2	−	3	×	4	÷	6	=	1
	たす		ひく		かける		わる		は(イコール)	
	जोड		घटाउ		गुणन		भाग		बराबर (इकोरु)	

線(せん) रेखा

直線(ちょくせん) सिधा रेखा ――――

曲線(きょくせん) बाङ्गो रेखा 〜〜〜

点線(てんせん) डट रेखा ……………

形(かたち) आकार

円(えん)(丸(まる))
गोलो

三角(さんかく)[形(けい)]
त्रिकोण

四角(しかく)[形(けい)]
वर्ग

模様(もよう) ढाँचा

縦(たて)じま
ठाडो धर्को

横(よこ)じま
तेर्सो धर्को

チェック
चारखाने बुट्टा

水玉(みずたま)
गोलो बुट्टा

花柄(はながら)
फूल बुट्टा

無地(むじ)
सादारंग

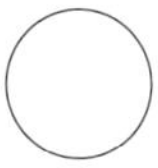

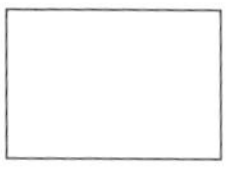

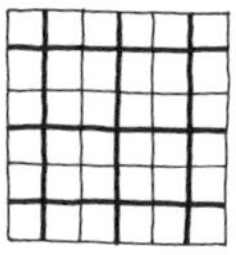

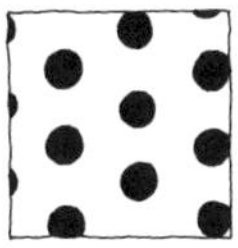

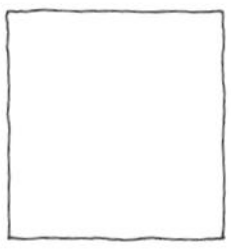

IV. व्याकरण व्याख्या

१. **क्रिया** / い**विशेषण** } **सामान्य स्वरुप**
な**विशेषण** } **सामान्य स्वरुप**
संज्ञा } ～だ
} か、～

यस वाक्य संरचनामा प्रश्नवाचक संलग्न भएको प्रश्नवाक्यलाई अन्य वाक्यमा राख्ने बेला प्रयोग गरिन्छ ।

① JL107便は 何時に 到着するか、調べて ください。
JL107 को जहाज कतिबजे पुग्छ, पत्ता लगाउनुहोस् ।

② 結婚の お祝いは 何が いいか、話して います。
विवाहको उपहार के दिँदा हुन्छ, कुरा गर्दैछु ।

③ わたしたちが 初めて 会ったのは いつか、覚えて いますか。
हामी पहिलोपटक कहिले भेटेको, याद छ ?

साथै, प्रश्नवाचक संज्ञा भएकोले, ③ को जस्तो प्रश्नवाचकमा か भन्ने स्वरुप हुन्छ ।

२. **क्रिया** / い**विशेषण** } **सामान्य स्वरुप**
な**विशेषण** } **सामान्य स्वरुप**
संज्ञा } ～だ
} か どうか、～

यस वाक्य संरचनामा संलग्न नभएको प्रश्नवाक्यलाई वाक्यमा राख्ने बेलामा प्रयोग गरिन्छ । सामान्य स्वरुप か को पछाडि どうか को आवश्यक हुने भएकोले सावधानी हुनुपर्छ ।

④ 忘年会に 出席するか どうか、20日までに 返事を ください。
बर्षको अन्तिम पार्टिमा भाग लिने नलिने, २० तारिख सम्ममा उत्तर दिनुहोस् ।

⑤ その 話は ほんとうか どうか、わかりません。
त्यो कुरा साँचो हो होइन, थाहा छैन ।

⑥ まちがいが ないか どうか、調べて ください。
गल्ती छ छैन, पत्ता लगाउनुहोस् ।

⑥ मा まちがいが あるか どうか नभई まちがいが ないか どうか भएको कारण चाहिँ, वक्ताले まちがいが ない भनेर सुनिश्चित गर्नको लागि हो ।

३. | **क्रिया** て **स्वरुप** みます |

यस वाक्य संरचनामा प्रयास गरेको कार्य भन्ने अर्थ जनाउँदछ ।

⑦ もう 一度 考えて みます。

फेरि एकचोटि विचार गरेर हेर्छु ।

⑧ この ズボンを はいて みても いいですか。

यो सुरुवाल लगाएर हेरे पनि हुन्छ ?

⑨ 北海道へ 行って みたいです。

होक्काइडो गएर हेर्न मन लाग्यो ।

⑨ को जस्तो, ～て みたい भन्ने स्वरुप प्रयोग गर्यो भने, ～たい भन्दा संकुचितभई आफ्नो आशा प्रस्तुत गर्न सकिन्छ ।

४. | い **विशेषण** (～い)→～さ |

い विशेषणमा अन्तिममा い लाई さ मा परिवर्तन गरी, संज्ञा बनाउन सकिन्छ ।

उदाहरणः 高い → 高さ   長い → 長さ   速い → 速さ

⑩ 山の 高さは どうやって 測るか、知って いますか。

पहाडको उचाइ कसरी नाप्छ, थाहा छ ?

⑪ 新しい 橋の 長さは 3,911 メートルです。

नयाँ पुलको लम्बाई ३,९११ मिटर छ ।

५. | ～でしょうか |

～でしょう (पाठ ३२) मा ⑫ को जस्तो प्रश्नवाक्य प्रयोग गर्दा, निश्चित उत्तर नचाहँदा भन्ने तरिका भएकोले, बिपक्षलाई नरम छाप दिन सकिन्छ ।

⑫ ハンスは 学校で どうでしょうか。   हान्स विद्यालयमा कस्तो छ ?

40

पाठ ४१

I. शब्दावली

いただきますI		लिनु, पाउनु (もらいます के नम्र भाषा)
くださいますI		दिनु (くれます को सम्मानपुर्ण भाषा)
やりますI		दिनु (उमेर तलको व्यक्ति, तल्लो तहको व्यक्ति, जनावर, बोटबिरुवामा प्रयोग हुन्छ)
あげますII	上げます	उठाउनु
さげますII*	下げます	झार्नु
しんせつに しますIII	親切に します	दयालु बन्नु
かわいい		राम्री, मायालु
めずらしい	珍しい	दुर्लभ
おいわい	お祝い	मनाउनु, उपहार दिनु (～を します : ～मनाउनु)
おとしだま	お年玉	नयाँ वर्षमा नातेदार बाट पाइने पैसा
[お]みまい	[お]見舞い	बिरामी भेट्न जानु या उपहार लिएर जानु
きょうみ	興味	चाहना, रुचि ([コンピューターに]～が あります : [कम्प्युटरमा] रुचि छ)
じょうほう	情報	सूचना, जानकारी
ぶんぽう	文法	व्याकरण
はつおん	発音	उच्चारण
さる	猿	बाँदर
えさ		आहारा
おもちゃ		खेलौना
えほん	絵本	चित्र पुस्तक
えはがき	絵はがき	चित्र पोस्टकार्ड
ドライバー		पेचकस
ハンカチ		रुमाल
くつした	靴下	मोजा
てぶくろ	手袋	पन्जा
ようちえん	幼稚園	(साना बालबालिकाको विद्यालय, बाल विद्यालय)
だんぼう	暖房	हीटिंग (तताउने काम)
れいぼう*	冷房	यर-कन्डिशनिंग (चिसाउने काम)
おんど	温度	तापक्रम
そふ*	祖父	(मेरो) हजुरबुवा
そぼ	祖母	(मेरो) हजुरआमा

まご	孫	(मेरो) नातीनातिना
おまごさん	お孫さん	(अरुको) नातीनातिना
おじ*		(मेरो) काका, मामा, अंकल
おじさん*		(अरुको) काका, मामा, अंकल
おば		(मेरो) काकी, सानिमा, माईजु, आन्टि
おばさん*		(अरुको) काकी, सानिमा, माईजु, आन्टि
かんりにん	管理人	पालेदार (भवनको पालेदार)
～さん		(पोलाइट बनाउनको लागी कामको नाम, पदको पछाडी पनि लगाइन्छ)
このあいだ	この間	केहि समय पहिला

〈会話(かいわ)〉

ひとこと	केहि कुरा, दुईचार शब्द
～ずつ	(एक एक वटा, दुइ दुइ जना आदि दुई या दुई भन्दा बढी संगै भन्दा प्रयोग गरिन्छ)
二人(ふたり)	दुई जना जोडी
お宅(たく)	घर (うち र いえ को सम्मानपुर्ण भाषा)
どうぞ お幸(しあわ)せに。	खुशीका साथ बिताउनु होला।

〈読(よ)み物(もの)〉

昔話(むかしばなし)	पुरानो कथा
ある ～	～भन्ने
男(おとこ)	केटा
子(こ)どもたち	बच्चाहरु, केटाकेटी
いじめますII	गिजाउनु
かめ	कछुवा
助(たす)けますII	सहयोग गर्नु
優(やさ)しい	दयालु
お姫様(ひめさま)	राजकुमारी
暮(く)らしますI	बस्नु, जीवन बिताउनु
陸(りく)	भूमि
すると	त्यसपछि
煙(けむり)	धुँवा
真(ま)っ白(しろ)[な]	एकदम सेतो
中身(なかみ)	भित्रि भाग, भित्र
※浦島太郎(うらしまたろう)	पुरानो कथाको हिरोको नाम

II. अनुवाद

वाक्यको संरचना

१. मैले वाट्ट शिक्षकबाट पुस्तक पाएँ ।
२. मलाई शिक्षकले खान्जीको ठिक बेठिक सच्याई दिनुभयो ।
३. बिभाग प्रमखुको श्रीमतिले ग्रिन टि बनाउन सिकाईदिनुभयो ।
४. मैले छोरालाई कागजको हवाईजहाज बनाईदिएँ ।

वाक्यको उदाहरण

१. सुन्दर प्लेट है ।
......हजुर । विवाहको बधाईमा तानाखाजीले दिनुभएको थियो ।
२. आमा, बाँदरलाई मिठाई दिए हुन्छ ?
......हुँदैन । त्यहाँ खाना दिनु हुँदैन भनि लेखिराखेको छ होईन ?
३. सुमोउ हेर्न जानुभएको छ ?
......हजुर । अस्ति बिभाग प्रमुखले लिएर जानुभयो । एकदम रमाईलो भएको थियो ।
४. गर्मी बिदाको होमस्टे कस्तो भयो ?
......रमाईलो भयो । परिवारको सबैले एकदम दया गरिदिनुभयो ।
५. लामो बिदामा के गर्नुहुन्छ ?
......बच्चालाई डिज्निल्याण्डमा लिएर जान्छु ।
६. नयाँ फोटोकपि मेशिनको प्रयोग गर्ने तरिका त्यत्ति थाहा छैन,
सिकाईदिनु हुन अनुरोध गर्दछु ?
......हुन्छ नी ।

संवाद

विवाह गर्नुभएकोमा बधाई छ है

कुलपति: वाट्ट जी, ईजुमी जी, विवाह गर्नुभएकोमा बधाई छ है ।
चियर्स !

सबै: चियर्स !

....

उद्घोषक: अब यहाँ सबैको तर्फबाट एक एक शब्द भनिदिनुहुन अनुरोध गर्दछु ।

माचुमोतो योसिको: मलाई अघिल्लो बर्षको गर्मीको कक्षामा वाट्ट सरले अंग्रेजी सिकाईदिनुभयो । सरको कक्षा हँसाउने खालको भई, एकदमा रमाईलो भएको थियो । वास्तवमा त्यो कक्षामा ईजुमी जी पनि आउनुभएको थियो ।

कर्मचारी विश्वविद्यालयको: मलाई सरले『सामान मिलाउने शिपालु तरिका』भन्ने पुस्तक दिनुभएको थियो । सर सामान मिलाउन शिपालु भई, प्रयोगशाला जहिले पनि चितिक्क छ । पक्कै दुबैजनाको घर चितिक्क हुन्छ जस्तो लाग्छ ।

मिलर: वाट्ट जी, अब『राम्रो व्यक्ति विवाह गर्ने तरिका』भन्ने पुस्तक लेखिदिनुहुन्छ कि ? अवश्य पढेर, अध्ययन गर्न मन छ । खुशी हुनुहोस् ।

41

III. उपयोगी शब्द र जानकारी

便利情報　उपयुक्त जानकारी

貸衣装の「みんなの晴れ着」
लुगा भाडामा「चाडको लुगा सबैलाई」

何でもそろいます!!　新作がいっぱい!!
जे पनि संकलन गरिएको छ !!　नयाँ ब्रान्डको संकलन धेरै !!

☎ 03-3812-556X

七五三	७ बर्ष, ५ बर्ष, ३ बर्षको उत्सव
卒業式	स्नातक समारोह
成人式	वयस्क दिन
結婚式	विवाह समारोह

泊まりませんか
बस्न आउने होइन ?

民宿　三浦
मिउरा गेष्टहाउस

安い、親切、家庭的な宿
सस्तो मित्रतापूर्ण र पारिवारिक
वातावरणको गेष्टहाउस

☎ 0585-214-1234

公民館からのお知らせ　सामुदायिक केन्द्रको सूचना

月曜日	सोम	日本料理講習会	जापानी खाना कक्षा
火曜日	मंगल	生け花スクール	फूल सजाउने (इकेबाना) कक्षा
水曜日	बुध	日本語教室	जापानी भाषा कक्षा
＊毎月第3日曜日	हरेक महिनाको तेस्रो आइत	バザー	बजार

☎ 0798-72-251X

レンタルサービス
भाडामा दिने सेवा

何でも貸します!!　जे पनि सापट दिन्छु !!

・カラオケ	खाराओके
・ビデオカメラ	भिडियो क्यामेरा
・携帯電話	मोबाइल फोन
・ベビー用品	बच्चाको लागि चाहिने सरसामान
・レジャー用品	घुम्नको लागि चाहिने सरसामान
・旅行用品	यात्राको लागि चाहिने सरसामान

☎ 0741-41-5151

便利屋
उपयुक्त जानकारी दिने पसल

☎ 0343-885-8854

何でもします!!　जे पनि गर्छु !!

☆家の修理、掃除
घरको मर्मत, सरसफाई

☆赤ちゃん、子どもの世話
बच्चा र बालकको सेवा गर्नु

☆犬の散歩　कुकुरलाई घुमाउनु
☆話し相手　कुरा गर्ने साथी

お寺で体験できます
मन्दिरमा अभ्यास गर्न सक्नुहुन्छ

禅ができます　जेन ध्यान गर्न सक्नुहुन्छ

精進料理が食べられます　साकाहारी खाना खान सक्नु हुन्छ

金銀寺 ☎ 0562-231-2010

IV. व्याकरण व्याख्या

१. दिने र लिने बेलाको अभिव्यक्ति

पाठ ७ र पाठ २४ मा, वस्तु र कार्य दिने र लिनेको अभिव्यक्तिको अध्ययन गरें। यस पाठमा, अझै दिने र लिने बिचको सम्बन्ध जनाउने अभिव्यक्तिको अध्ययन गर्दछौं।

१) | संज्ञा१ (व्यक्ति) に संज्ञा२を いただきます |

वक्ताले आफुभन्दा ठूला व्यक्ति (संज्ञा१) बाट सामान (संज्ञा२) लिने बेला, もらいます नभई いただきます को प्रयोग गरिन्छ।

① わたしは 社長(しゃちょう)に お土産(みやげ)を いただきました。
मैले अध्यक्षबाट उपहार पाएँ।

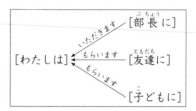

२) | [わたしに] संज्ञाを くださいます |

आफुभन्दा ठूला व्यक्तिले वक्तालाई सामान दिने बेला, くれます नभई くださいます को प्रयोग गरिन्छ।

② 社長(しゃちょう)が わたしに お土産(みやげ)を くださいました。
अध्यक्षले मलाई उपहार दिनुभयो।

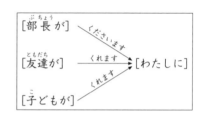

[सावधानी] いただきます, くださいます मा लिने व्यक्तिनै वक्ताको परिवार भएमा पनि प्रयोग गरिन्छ।

③ 娘(むすめ)は 部長(ぶちょう)に お土産(みやげ)を いただきました。
छोरीले बिभाग प्रमुखबाट उपहार पायो।

④ 部長(ぶちょう)が 娘(むすめ)に お土産(みやげ)を くださいました。
बिभाग प्रमुखले छोरीलाई उपहार दिनुभयो।

३) | संज्ञा१に संज्ञा२を やります |

वक्ताले आफुभन्दा सानो, जनावर अथवा बिरुवा (संज्ञा१) लाई बस्तु (संज्ञा२) दिने बेला, मुख्यरुपमा やります को प्रयोग गरिन्छ। तर, आजकाल やります भन्दा विनम्र शब्द छ भनेर थाहा पाएकोले, あげます को प्रयोग धेरै गरिन्छ।

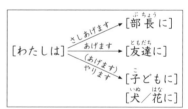

⑤ わたしは 息子(むすこ)に お菓子(かし)を やりました (あげました)。
मैले छोरालाई मिठाई दिएँ।

⑥ わたしは 犬(いぬ)に えさを やりました。
मैले कुकुरलाई खाना दिएँ।

२. दिने र लिनेको कार्य

दिने र लिने कार्यको अभिव्यक्ति गर्ने अवस्थामा पनि いただきます, くださいます, やります को प्रयोग गरिन्छ । तलका उदाहरणले जनाइन्छ ।

१) | क्रियाて स्वरुप いただきます |

⑦ わたしは 部長に 手紙の まちがいを 直して いただきました。
मलाई बिभाग प्रमुखले चिठ्ठीको ठिक बेठिक सच्याइ दिनुभयो ।

२) | क्रियाて स्वरुप くださいます |

⑧ 部長の 奥さんが ［わたしに］ お茶を 教えて くださいました。
बिभाग प्रमखुको श्रीमतिले (मलाई) जापानी चिया (ग्रिन टि) बनाउन सिकाइदिनुभयो ।

⑨ 部長が ［わたしを］ 駅まで 送って くださいました。
बिभाग प्रमखुले (मलाई) स्टेशन सम्म पुर्याइदिनुभयो ।

⑩ 部長が ［わたしの］ レポートを 直して くださいました。
बिभाग प्रमुखले (मेरो) प्रतिवेदन मिलाई दिनुभयो ।

३) | क्रियाて स्वरुप やります |

⑪ わたしは 息子に 紙飛行機を 作って やりました（あげました）。
मैले छोरालाई कागजको हवाइजहाज बनाइदिएँ ।

⑫ わたしは 犬を 散歩に 連れて 行って やりました。
मैले कुकुरलाई डुलाउनलगें ।

⑬ わたしは 娘の 宿題を 見て やりました（あげました）。
मैले छोरीको गृहकार्य हेरीदिएँ ।

३. क्रियाて स्वरुप くださいませんか

～て ください संग तुलना गर्दा धेरै विनम्र अनुरोधको प्रस्तुति गरिन्छ । तर, पाठ २६ मा अध्ययन गरेको ～て いただけませんか भन्दा कम विनम्र छ ।

⑭ コピー機の 使い方を 教えて くださいませんか。
कपि मेशिनको प्रयोग गर्ने तरिका सिकाइदिनु हुन्छ कि ?

⑮ コピー機の 使い方を 教えて いただけませんか。
कपि मेशिनको प्रयोग गर्ने तरिका सिकाइदिन सक्नु हुन्छ ? (पाठ २६)

४. संज्ञाに क्रिया

तलका उदाहरण वाक्यसंग प्रयोग गरिने विभक्ति に ले「～को चिन्ह」「～को स्मरणमा」जस्ता अर्थ जनाइन्छ ।

⑯ 田中さんが 結婚祝いに この お皿を くださいました。
तानाखाजीले विवाहको बधाईमा यो प्लेट दिनुभयो ।

⑰ 北海道旅行の お土産に 人形を 買いました。
होक्काइडो घुम्न गएको उपहारमा पुतली किने ।

पाठ ४२

I. शब्दावली

つつみますⅠ	包みます	प्याक गर्नु
わかしますⅠ	沸かします	उमाल्नु
まぜますⅡ	混ぜます	मिसाउनु
けいさんしますⅢ	計算します	हिसाब गर्नु
ならびますⅠ	並びます	मिलाएर राख्नु, लाइन लगाउनु
じょうぶ[な]	丈夫[な]	बलियो
アパート		अपार्टमेन्ट (भाडामा दिनको लागी बनाइएको एक प्रकारको घर)
べんごし	弁護士	वकिल
おんがくか	音楽家	गायककार
こどもたち	子どもたち	बच्चाहरु, केटाकेटी
しぜん	自然	प्राकृतिक
きょういく	教育	शिक्षा
ぶんか	文化	संस्कृति
しゃかい	社会	समाज
せいじ	政治	राजनीति
ほうりつ	法律	नियम
せんそう*	戦争	युद्ध
へいわ	平和	शान्ति
もくてき	目的	उद्देश्य
ろんぶん	論文	थेसिस्, शोधपत्र
たのしみ	楽しみ	रमाइलो, मजा
ミキサー		मिक्सर
やかん		केतली, चियादानी
ふた		बिर्को
せんぬき	栓抜き	बोतल ओपनर, बोतल खोल्ने औजार
かんきり	缶切り	क्यान ओपनर, तिनको भाडा खोल्ने औजार
かんづめ	缶詰	क्यानको खाना
のしぶくろ	のし袋	पैसा दिनको लागी प्रयोग गरिने खाम
ふろしき		सामान बोक्ने कपडा
そろばん		अबकस (हिसाब गर्ने एक तरिका)
たいおんけい	体温計	थर्मोमिटर
ざいりょう	材料	कच्चा पदार्थ
ある ～		कुनै～

いっしょうけんめい　　一生懸命	परिश्रमका साथ
なぜ	किन
どのくらい	कतिजति
※国連	संयुक्त राष्ट्र संघ
※エリーゼの　ために	येलिसेको लागी (गीतको बोल)
※ベートーベン	लुडविन् भान बेतोबेन, जर्मनीका संगीतकार (१७७०－१८२७)
※こどもニュース	काल्पनिक समाचार कार्यक्रम

〈会話〉

出ますⅡ［ボーナスが〜］	आउनु [बोनस〜]
半分	आधा
ローン	ऋण

〈読み物〉

カップめん	कपमा भएको चाउचाउ
世界初	संसारमानै पहिला
〜に　よって	〜बाट, द्वारा
どんぶり	कचौरा
めん	चाउचाउ
広めますⅡ	फैलाउनु
市場調査	बजार अनुसन्धान
割りますⅠ	फुट्नु
注ぎますⅠ	खन्याउनु
※チキンラーメン	कपमा भएको चाउचाउको नाम
※安藤百福	जापानी व्यवसायी र आविष्कारक (१९१०－२००७)

105

42

II. अनुवाद

वाक्यको संरचना

१. भबिष्यमा आफ्नो पसल लिनको लागि, पैसा जम्मा गर्दैछु ।

२. यो जुत्ता पहाडमा हिँड्नको लागि राम्रो छ ।

वाक्यको उदाहरण

१. बोन नाचमा भागलिनको लागि, दिनदिनै अभ्यास गर्दैछु ।
......हो र । रमाईलो नाचको प्रतिक्षामा छु ।

२. किन एक्लै पहाड चढ्नु हुन्छ ?
......एक्लै भएर विचार गर्नको लागि, जाने हो ।

३. स्वास्थको लागि, केहि गर्दै हुनुहुन्छ ?
......छैन । तर, अर्को हप्तादेखि दिनदिनै बिहान दौडिने विचारमा छु ।

४. राम्रो धुन है ।
......『येलिजेको लागि』हो । बेतोबेनले एक केटिको लागि, बनाएको धुन हो ।

५. यो के मा प्रयोग गरिन्छ ?
......वाईन खोल्नको लागि प्रयोग गर्छ ।

६. २,३ दिन व्यापार भ्रमनको लागि राम्रो झोला छ ?
......यो कस्तो छ ? कम्प्युटर पनि राख्नको लागि सहज छ ।

७. यो पुल बनाउन कति बर्ष लाग्यो ?
......१२ बर्ष लाग्यो ।

संवाद

बोनस के मा प्रयोग गर्नुहुन्छ ?

सुजुकि: हायासी जी, बोनस कहिले आउंछ ?
हायासी: अर्को हप्ता हो । सुजुकी जी को कार्यालयमा ?
सुजुकि: भोली हो । रमाईलो प्रतिक्षामा छु ।
हायासी: हो र । सुजुकी जी के मा प्रयोग गर्नुहुन्छ ?
सुजुकि: पहिला नयाँ साईकल किन्ने, त्यसपछि घुम्न जाने...... ।
ओगावा: जम्मा गर्नु हुन्न ?
सुजुकि: मैले त्यत्ति सोचेको छैन ।
हायासी: म आधि जम्मा गर्ने विचारमा छु ।
सुजुकि: ओहो, आधि जम्मा गर्ने है ।
हायासी: हजुर, कुनैदिन ब्रिटेनमा अध्ययनको लागि जाने विचारमा छु ।
ओगावा: हो र, एक्लै हुनु राम्रो है । सबै आफ्नो लागि, चलाउन सकिने ।
म त घरको ऋण तिर्ने, बच्चाको पढाईको लागि बैंकमा जम्मा गर्दा,
अलिकति पनि बच्दैन ।

III. उपयोगी शब्द र जानकारी

事務用品(じむようひん)・道具(どうぐ)　कार्यालयको सरसामान र औजार

とじる बन्द गर्ने	挟(はさ)む／とじる च्याप्ने/बन्द गर्ने	留(と)める अड्काउनु च्याप्नु	切(き)る काट्नु
ホッチキス स्टाप्लर	クリップ क्लिप	画(が)びょう थम्बपिन, थम-टक	カッター　はさみ कटर　कैंची
はる टाँस्नु		削(けず)る सिसाकलम तिखार्नु	ファイルする फाइलिङ गर्नु
セロテープ　ガムテープ　のり पानीटेप　गमटेप　गम		鉛筆削(えんぴつけず)り कटर, सिसाकलम टाँस्नु	ファイル फाइल
消(け)す मेट्नु	[穴(あな)を]開(あ)ける प्वाल पार्नु	計算(けいさん)する हिसाब गर्नु	[線(せん)を]引(ひ)く／測(はか)る लाइन तान्नु/नाप्नु
消(け)しゴム　修正液(しゅうせいえき) इरेजर　सच्याउने झोल	パンチ पन्चिङ	電卓(でんたく) क्यालकुलेटर	定規(じょうぎ)(物差(ものさ)し) स्केल, रुलर
切(き)る काट्नु	[くぎを]打(う)つ किला ठोक्नु	挟(はさ)む／曲(ま)げる／切(き)る च्याप्नु/घुमाउनु/काट्नु	[ねじを]締(し)める／緩(ゆる)める किला कस्नु/ किला खुकुलो गर्नु
のこぎり करौँती	金(かな)づち हतौडी, मुङ्ग्री	ペンチ पेन्चिस	ドライバー स्क्रिव ड्राइवर

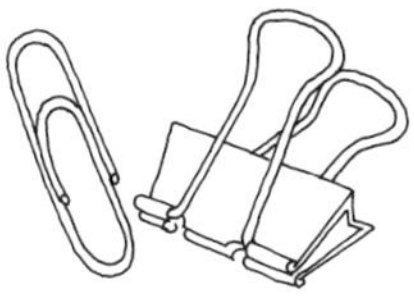

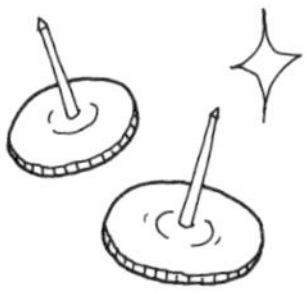

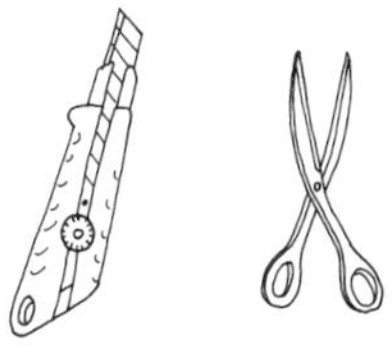

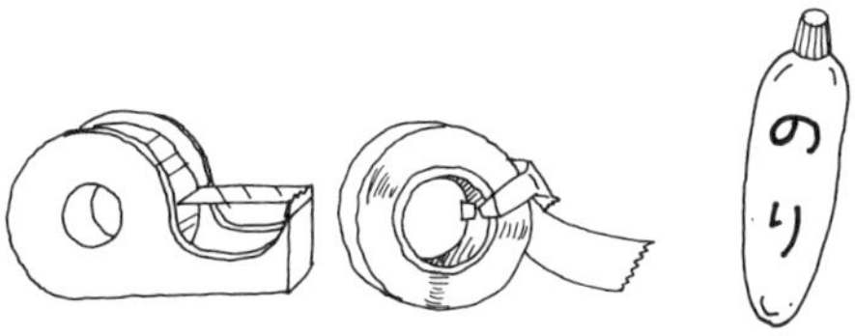

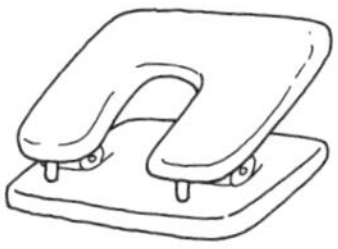

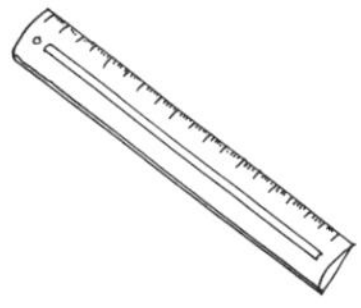

IV. व्याकरण व्याख्या

१. | क्रिया शब्दकोश स्वरुप / संज्ञाの } ために、～ | क्रममा～, लागि～

ために ले लक्ष्यलाई जनाउँदछ । संज्ञाの ために ले संज्ञाको फाइदा हुनेगरी भन्ने अर्थमा पनि प्रयोग गरिन्छ (④) ।

① 自分の 店を 持つ ために、貯金して います。
   आफ्नो पसल लिनको लागि, पैसा जम्मा गर्दैछु ।

② 引っ越しの ために、車を 借ります。　सर्नको लागि, गाडी सापट लिएँ ।

③ 健康の ために、毎朝 走って います。　स्वास्थको लागि, दिनदिनै दौडिन्छु ।

④ 家族の ために、うちを 建てます。　परिवारको लागि, घर बनाउँछु ।

[सावधानी १] यस्तै प्रकारका पाठ ३६ मा अध्ययन गरिएका ～ように छन् भने, ために को अगाडि इच्छाशक्ति भएको क्रियाको शब्दकोश स्वरुप प्रयोग गरिएको छ भने ठिक विपरीत, ように को अगाडि इच्छाशक्ति होइन क्रियाको शब्दकोश स्वरुप अथवा क्रियाको नकारात्मक स्वरुपको प्रयोग गरिन्छ ।

तलका दुईवटा वाक्यलाई तुलना गर्दा, तलको ① मा इच्छाशक्ति सहित「आफ्नो पसल लिने」लाई लक्ष्य गरी, त्यसको लागि पैसा जम्मा गर्दै गरेको अर्थ लाग्दछ भने ठिक विपरीत, ⑤ मा परिणामको लागि「आफ्नो पसल लिन सक्ने गर्नको」लागि अर्थ लाग्ने गरी लक्ष्य राखी पैसा जम्मा गरिरहेको भन्ने अर्थले फरक गर्दछ ।

① 自分の 店を 持つ ために、貯金して います。
   आफ्नो पसल लिनको लागि, पैसा जम्मा गर्दैछु ।

⑤ 自分の 店が 持てるように、貯金して います。
   आफ्नो पसल लिन सक्ने गरी, पैसा जम्मा गर्दैछु ।

[सावधानी २] なります मा इच्छाशक्ति क्रिया र इच्छाशक्ति नभएको क्रिया दुबैमा प्रयोग गरिन्छ ।

⑥ 弁護士に なる ために、法律を 勉強して います。
   वकिल बन्नको लागि, कानुनको अध्ययन गर्दैछु ।

⑦ 日本語が 上手に なるように、毎日 勉強して います。
   जापानी भाषा शिपालु हुनको लागि, हरेक दिन अध्ययन गर्दछु । (पाठ ३६)

२. | क्रिया शब्दकोश रुवरुपの / संज्ञा } に ～ |

यस वाक्य संरचनामा, つかいます, いいです, べんりです, やくに たちます, [じかん]が かかります इत्यादि संगसंगै प्रयोग गरिन्छ, त्यसको उपयोग र उद्देश्य जनाउन प्रयोग गरिन्छ ।

⑧ この はさみは 花を 切るのに 使います。
   यो कैंची फूल काट्नको लागि प्रयोग गरिन्छ ।

⑨ この かばんは 大きくて、旅行に 便利です。
   यो झोला ठूलो भएर, घुम्न जानको लागि सजिलो छ ।

⑩ 電話番号を 調べるのに 時間が かかりました。
   फोन नम्बर पत्ता लगाउन समय लाग्यो ।

३. संख्या विशेषणは／も

विभक्ति は लाई संख्या विशेषणमा जोड्दा वक्ताको अनुमान कम मात्रामा जनाउँदछ ।
विभक्ति も लाई संख्या विशेषणमा जोड्दा वक्ताले त्यस संख्या धेरै भएको महशुस जनाउँदछ ।

⑪ わたしは [ボーナスの] 半分(はんぶん)は 貯金(ちょきん)する つもりです。
……えっ、半分(はんぶん)も 貯金(ちょきん)するんですか。
म [बोनसको] आधि जम्मा गर्ने विचारमा छु ।
......ओहो, आधि जम्मा गर्नु हुन्छ ?

४. ～に よって

कुनै बस्तु उत्पादनअथवा अन्वेशनगर्ने क्रिया (उदाहरणः かきます, はつめいします, はっけんします इत्यादि) लाई कर्मवाच्यलाई प्रयोग गर्ने बेला, कार्य गर्ने व्यक्तिले に नभई, に よって ले जनाउँदछ ।

⑫ チキンラーメンは 1958年(ねん)に 安藤百福(あんどうももふく)さんに よって 発明(はつめい)されました。
चिकिन रामेन सन् १९५८ मा मोमोफूकु आन्डोजीद्वारा आविष्कार गर्नु भएको थियो ।

पाठ ४३

I. शब्दावली

ふえますⅡ	増えます	बढ्नु
［ゆしゅつが～］	［輸出が～］	[निर्यात～]
へりますⅠ	減ります	घट्नु
［ゆしゅつが～］	［輸出が～］	[निर्यात～]
あがりますⅠ	上がります	बढ्नु
［ねだんが～］	［値段が～］	[मूल्य～]
さがりますⅠ*	下がります	घट्नु
［ねだんが～］	［値段が～］	[मूल्य～]
きれますⅡ	切れます	टुट्नु, चुड्नु
［ひもが～］		[धागो～]
とれますⅡ		झर्नु, फुत्किनु
［ボタンが～］		[बटन～]
おちますⅡ	落ちます	झर्नु
［にもつが～］	［荷物が～］	[सामान～]
なくなりますⅠ		सिद्धिनु
［ガソリンが～］		[पेट्रोल～]
へん［な］	変［な］	नमिलेको, नराम्रो
しあわせ［な］	幸せ［な］	खुशी
らく［な］	楽［な］	सरल, सजिलो
うまい*		मिठो
まずい		नमिठो
つまらない		नरमाईलो
やさしい	優しい	दयालु
ガソリン		पेट्रोल
ひ	火	आगो
パンフレット		पम्फलेट, पर्चा
いまにも	今にも	अहिले नै, अहिलेपनि (कुनै चिजको परिवर्तनहुने ठिक अगाडि आउनेबेला प्रयोग गरिन्छ)
わあ		ये हे, ओ हो !

110

43

〈読み物〉

ばら	गुलाब
ドライブ	ड्राइभिङ्ग, सवारी चलाउदै
理由	कारण
謝りますⅠ	माफ माग्नु
知り合いますⅠ	चिनापर्ची हुनु

111

43

II. अनुवाद

वाक्यको संरचना

१. अहिले नै पानी पर्ला जस्तो छ ।
२. एकछिन टिकेट किनेर आउँछु ।

वाक्यको उदाहरण

१. ज्याकेटको बटन निस्किन लागेको छ ।
......ओहो, साँच्चै हो रहेछ । धन्यवाद ।
२. न्यानो भयो है ।
......हजुर, केहि समयपछि पैँयुको फूल फुल्न लागेको छ ।
३. जर्मनीको स्याउबाट बनाएको केक हो । कृपया लिनुहोस् ।
......ओहो, मिठो होला जस्तो छ । खान्छु है ।
४. यो पार्ट टाईम काम, राम्रो होला जस्तो छ । तलब पनि राम्रो छ, काम पनि सजिलो होला जस्तो छ ।
......तर, राति १२ बजे देखी बिहान ६ बजेसम्म हो ।
५. कागजात पुग्दैन है ।
......कतिपाना हो ? तुरन्तै कपि गरेर आउँछु ।
६. एकछिन बाहिर गएर आउँछु ।
......कति बजे फर्किनुहुन्छ ?
४ बजे भित्र फर्किने विचारमा छु ।

संवाद

हरेकदिन रमाईलो छ जस्तो छ

हायासी: यो, कस्को फोटो हो ?
स्मिथ: छोरा हान्स हो । खेलकुद दिवसको बेला, लिएको फोटो हो ।
हायासी: फुर्तिलो देखिन्छ है ।
स्मिथ: हजुर । हान्स छिटो दौडिन्छ । जापानको प्राथमिक विद्यालयमा पनि बानी भयो, साथी पनि बन्यो, हरेकदिन रमाईलो छ जस्तो छ ।
हायासी: राम्रो भयो है । यताको व्यक्ति चाहिँ श्रीमति हो ? सुन्दर हुनुहुन्छ ।
स्मिथ: धन्यवाद । उनको विभिन्न कुरामा रुचीभई, संगैहुने बेला रमाईलो छ नी है ।
हायासी: हो र ।
स्मिथ: बिशेषतः ईतिहास मनपर्ने भएकोले, समय भएको बेला पुरानो शहर घुम्छ ।

43

III. उपयोगी शब्द र जानकारी

性格(せいかく)・性質(せいしつ)　स्वभाव र प्रकृति

明(あか)るい　उज्यालो

暗(くら)い　अँध्यारो

優(やさ)しい　दयालु

おとなしい　शिष्ट, भद्र, आज्ञाकारी

冷(つめ)たい　निठुरी, रुखो

厳(きび)しい　कडा कठोर (व्यबहार)

気(き)が長(なが)い　धैर्य, बिस्तारै

気(き)が短(みじか)い　छिट्टै रिसाउने

気(き)が強(つよ)い　बलियो मन

気(き)が弱(よわ)い　निर्बल मन

活発(かっぱつ)[な]　सक्रिय

誠実(せいじつ)[な]　सोझो, इमान्दार, निष्कपट, विश्वसनीय

わがまま[な]　स्वार्थी

まじめ[な]　सोझो, इमान्दार, निष्कपट, विश्वसनीय

ふまじめ[な]　मूर्ख, हल्काफुल्का

頑固(がんこ)[な]　जिद्दि

素直(すなお)[な]　सोझो सिधा

意地悪(いじわる)[な]　निठुरी, निर्दयी

勝(か)ち気(き)[な]　प्रतिस्पर्धा

神経質(しんけいしつ)[な]　हडबडाउनु, त्रसित, चिन्तित

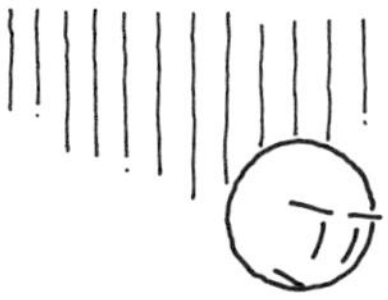

IV. व्याकरण व्याख्या

१. ～そうです　～जस्तो छ, ～देखिन्छ

१) क्रियाます स्वरुपそうです

यस वाक्य संरचनामा, क्रियाले जनाउने चाल अथवा परिवर्तन हुने पुर्व लक्षण जनाउँदछ । त्यस कार्य अथवा परिवर्तन हुने समयलाई जनाउने क्रियाविशेषण いまにも, もうすぐ, これから इत्यादि संगै प्रयोग गर्न सकिन्छ ।

① 今にも 雨が 降りそうです。　अहिले नै पानी पर्ला जस्तो छ ।
② もうすぐ 桜が 咲きそうです。　छिट्टै पैयुँको फूल फुल्छ जस्तो छ ।
③ これから 寒く なりそうです。　अबबाट चिसो हुन्छ जस्तो छ ।

२) い विशेषण (～い̶) / な विशेषण [な̶] } そうです

वास्तवमा पुष्टि गरिएको छैन तर, हेरेर अन्दाजी त्यसको विशेषतालाई अनुमान लगाएर बयान गर्ने तरिका हो ।

④ この 料理は 辛そうです。　यो खाना पिरो होला जस्तो देखिन्छ ।
⑤ 彼女は 頭が よさそうです。　उनी चलाख देखिन्छ ।
⑥ この 机は 丈夫そうです。　यो टेबुल बलियो देखिन्छ ।

[सावधानी] अरुलाई आफ्नो भावना जनाउँदाखेरी, भावना जनाउने विशेषण (うれしい, かなしい, さびしい इत्यादि) जस्ताको त्यस्तै प्रयोग गर्न सकिंदैन । そうです लाई जोडेर, अन्दाजबाट अनुमानलाई बयान गर्न प्रयोग गरिन्छ ।

⑦ うれしそうですね。
……ええ、実は きのう 結婚を 申し込まれたんです。
खुशी देखिन्छ नि ।
......हजुर, साँच्चै भन्ने हो भने हिजो विवाहको प्रस्ताव पाएं ।

२. क्रियाて स्वरुप 来ます

१) क्रियाて स्वरुप きます ले कुनै स्थानमा गई, कुनै कार्य गरी फर्केर आउने अर्थ जनाउँदछ ।

⑧ ちょっと たばこを 買って 来ます。　एकछिन चुरोट किनेर आउँछु ।

⑧ मा, (1) चुरोट बेच्ने ठाउँमा जानु, (2) त्यहाँ चुरोट किन्नु, (3) पहिलाकै ठाउँमा फर्किनु, भन्ने तिनवटा कार्य भएको जनाउँदछ ।

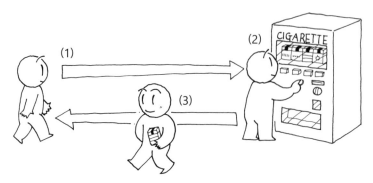

⑨ को जस्तो क्रिया て स्वरुपले जनाउने कार्य गर्ने स्थानमा で ले जनाउँदछ तर, ⑩ को जस्तो, を ले जनाउने बस्तुको जाने ठाउँ (आरम्भ बिन्दु) भनेर बुझ्ने अवस्थामा, から को प्रयोग गरिन्छ । からको प्रयोगगर्ने क्रियामा, とって きます त्यस बाहेक, もって きます, はこんで きます इत्यादि छन् ।

⑨ スーパーで 牛乳(ぎゅうにゅう)を 買(か)って 来(き)ます。　सुपर मार्केटमा दुध किनेर आउँछु ।

⑩ 台所(だいどころ)から コップを 取(と)って 来(き)ます。　भान्साबाट कप लिएर आउँछु ।

२) संज्ञा (स्थान) へ 行(い)って 来(き)ます

きます को अगाडि क्रिया いきます को て स्वरुपलाई प्रयोग गरी, एक स्थानमा गई फर्केर आउने अर्थ जनाउँदछ । गएको ठाउँमा गरेको कार्यको बारेमा, बिशेषत केहि नभन्ने अवस्थामा प्रयोग गरिन्छ ।

⑪ 郵便局(ゆうびんきょく)へ 行(い)って 来(き)ます。　हुलाकमा गएर आउँछु ।

३) 出(で)かけて 来(き)ます

きます को अगाडि क्रिया でかけます को て स्वरुपको प्रयोग गरी, कतै गएर फर्किने अर्थ जनाउँदछ । जाने ठाउँ पनि लक्ष्य पनि केहि नभन्ने अवस्थामा प्रयोग गरिन्छ ।

⑫ ちょっと 出(で)かけて 来(き)ます。　एकछिन बाहिर गएर आउँछु ।

३. **क्रिया て स्वरुप くれませんか** ～गरिदिनु हुन्छ कि ?

～て ください भन्दा विनम्र अनुरोधको अभिव्यक्ति हो तर, ～て いただけませんか (पाठ २६) अथवा ～て くださいませんか (पाठ ४१) भन्दा विनम्र होइन । आफ्नो बराबर अथवा आफु भन्दा सानो व्यक्तिलाई प्रयोग गर्न उचित अभिव्यक्ति हो ।

⑬ コンビニへ 行(い)って 来(き)ます。
……じゃ、お弁当(べんとう)を 買(か)って 来(き)て くれませんか。
कम्बिनी गएर आउँछु ।
......त्यसो भए, खाना किनेर ल्याइदिन्छौं कि ?

पाठ ४४

I. शब्दावली

なきますI	泣きます	रुनु
わらいますI	笑います	हाँस्नु
ねむりますI	眠ります	सुत्नु
かわきますI ［シャツが～］	乾きます	सुक्नु [सर्ट～]
ぬれますII* ［シャツが～］		भिज्नु [सर्ट～]
すべりますI	滑ります	चिप्लिनु
おきますII ［じこが～］	起きます ［事故が～］	हुनु, पर्नु [दुर्घटना～]
ちょうせつしますIII	調節します	मिलाउनु
あんぜん［な］	安全［な］	सुरक्षित
きけん［な］*	危険［な］	खतरनाक
こい	濃い	बाक्लो, कडा, गाडा
うすい	薄い	पातलो, हल्का, फिक्का
あつい	厚い	बाक्लो
ふとい	太い	मोटो
ほそい*	細い	दुब्लो
くうき	空気	हावा
なみだ	涙	आँसु
わしょく	和食	जापानी खाना
ようしょく	洋食	पश्चिमी खाना
おかず*		खाना संग खाने विभिन्न तरकारी (मेन खाना भन्दा बाहेकको)
りょう	量	मात्रा, परिणाम
ーばい	ー倍	ーपटक
シングル		एउटा बेड भएको कोठा
ツイン		दुईवटा बेड भएको कोठा
せんたくもの	洗濯物	धुने कपडा
DVD		डिभिडी
※ホテルひろしま		काल्पनिक होटल

〈会話(かいわ)〉

どう　なさいますか。	के गर्नु हुन्छ ? (सम्मानपूर्ण)
カット	कपाल काट्ने
シャンプー	स्याम्पु (～を　します：स्याम्पु लगाउनु)
どういうふうに　なさいますか。	कसरी गर्न चाहनु हुन्छ ? (सम्मानपूर्ण)
ショート	छोटो
～みたいに　して　ください。	～जस्तो गरिदिनु होला ।
これで　よろしいでしょうか。	यसले भयो होला ? (विनम्र)
［どうも］　お疲(つか)れさまでした。	धैर्य गर्नु भएकोमा धन्यवाद । (पसलको मान्छेले ग्राहक लाई भन्ने शब्द)

〈読(よ)み物(もの)〉

嫌(いや)がります I	मन नपराउनु
また	र, झन
うまく	राम्रो संग
順序(じゅんじょ)	क्रम
安心(あんしん)［な］	ढुक्क
表現(ひょうげん)	अनुहारको भाव
例(たと)えば	जस्तै, उदाहरण
別(わか)れます II	छुट्टिनु
これら	यी, यिनीहरु
縁起(えんぎ)が　悪(わる)い	अभागी, दुर्भाग्य

II. अनुवाद

वाक्यको संरचना

१.   हिजो राति रक्सि धेरै पिएँ ।

२.   यो कम्प्युटर प्रयोग गर्न सजिलो छ ।

३.   सुरुवाल छोटो गरिदिनुहोस् ।

वाक्यको उदाहरण

१.   रोईराख्नु भएको हो ?

......होईन, धेरै हाँसेर, आँसु आएको हो ।

२.   आजकलको गाडी चलाउन सजिलो छ है ।

......हजुर । सजिलो भएकोले, चलाउन रमाईलो छैन ।

३.   गाँउ र शहरमा कहाँ बस्न सजिलो छ ?

......गाँउमा बस्न सजिलो जस्तो लाग्छ । मूल्य पनि सस्तो अनि, हावा पनि सफा भएकोले ।

४.   यो कप बलियो भई हत्तपत्त फुट्दैन नी ।

......बच्चाले चलाउने भएकोले सुरक्षित भई, राम्रो छ है ।

५.   धेरै राति भईसकेकोले, शान्त भई बस्न सक्नुहुन्छ ?

......हुन्छ । माफ गर्नुहोस् ।

६.   पिउने के गर्नुहुन्छ ?

......बियर पिउंछु ।

संवाद

यो फोटो जस्तो गरिदिनुहोस्

ब्युटिसियन:	स्वागत छ । आज के गर्नुहुन्छ ?
लि:	कपाल काटिदिनुहोस् ।
ब्युटिसियन:	त्यसोभए, नुहाईदिन्छु, यहाँ आउनुहोस् ।

....

ब्युटिसियन:	कुन तरिकाले कपाल कटाउनुहुन्छ ?
लि:	छोटो गर्न चाहन्छु...... । यो फोटो जस्तो गरिदिनुहोस् ।
ब्युटिसियन:	ओहो, राम्रो छ है ।

....

ब्युटिसियन:	अगाडिको लम्बाई यति भए हुन्छ ?
लि:	हजुर । अझ अलिकति छोटो गरीदिनुहोस् ।

....

ब्युटिसियन:	धेरै धेरै धन्यवाद ।
लि:	धन्यवाद ।

44

III. उपयोगी शब्द र जानकारी

美容院(びよういん)・理髪店(りはつてん)　ब्युटिपार्लर र हजाम

カット	कपाल काट्ने
パーマ	पर्म
シャンプー	स्याम्पु लगाउनु
トリートメント	ट्रिट्मेन्त गर्नु
ブロー	सुकाउनु (ड्राइ गर्नु)
カラー	रंगाउनु, कलर गराउनु
エクステ	कपाल लम्ब्याउनु
ネイル	नङ्ग मिलाउनु
フェイシャルマッサージ	फेसियल गर्नु
メイク	मेकअप गर्नु
着付(きつ)け	किमोनो लगाउनु

耳(みみ)が見(み)えるくらいに
肩(かた)にかかるくらいに
まゆが隠(かく)れるくらいに
1センチくらい
この写真(しゃしん)みたいに
} 切(き)ってください。 काट्नुहोस्

कान देखिने गरी
काँधमा पर्ने गरी
आँखी भौ छोप्ने गरी
१ सेन्टिमिटर जत्ति
यो फोटो जस्तै

髪(かみ)をとかす	कपाल कोर्नु
髪(かみ)を分(わ)ける	कपाल छुट्याउनु
髪(かみ)をまとめる	कपाल मिलाउनु
髪(かみ)をアップにする	कपाल माथिसम्म बाध्नु
髪(かみ)を染(そ)める	कपाल रंगाउनु
ひげ／顔(かお)をそる	दाह्री खौरने
化粧(けしょう)／メイクする	श्रृंगार/मेकअप गर्नु
三(み)つ編(あ)みにする	तिन आँठाको चुल्ठो बाट्नु
刈(か)り上(あ)げる	ट्रिम गर्नु
パーマをかける	पर्म गर्नु

44

IV. व्याकरण व्याख्या

१.
क्रियाます**स्वरुप** い**विशेषण** (〜~~い~~) な**विशेषण** [~~な~~]	すぎます

〜すぎます ले, कार्य वा अवस्थाको स्तर अत्याधिक छ भनेर जनाउँदछ । सामान्यतया त्यस कार्य अथवा अवस्था मन नपराउने बेला प्रयोग गरिन्छ ।

① ゆうべ お酒を 飲みすぎました。　　हिजो राति रक्सि धेरै पिएँ ।

② この セーターは 大きすぎます。　　यो स्वेटर धेरै ठूलो छ ।

[सावधानी] 〜すぎます लाई, क्रिया समूह II अनुसार प्रयोग गरिन्छ ।

उदाहरणः のみすぎる　　のみすぎ(ない)　　のみすぎた

③ 最近の 車は 操作が 簡単すぎて、運転が おもしろくないです。
आजकलको गाडी चलाउन सजिलो भएकोले, चलाउन रमाइलो छैन ।

④ いくら 好きでも、飲みすぎると、体に 悪いですよ。
जति मनपर्ने भएपनि, धेरै पियौ भने, शरीरलाई राम्रो हुँदैन ।

२.
क्रियाます**स्वरुप**	やすいです にくいです

१) क्रियाます स्वरुपमा इच्छाशक्तिको क्रियाको अवस्थामा, 〜やすい ले त्यस कार्य गर्न सजिलो छ भन्ने अर्थ हुन्छ, 〜にくい ले त्यस कार्य गर्न गाह्रो छ भन्ने अर्थ हुन्छ ।

⑤ この パソコンは 使いやすいです。　　यो कम्प्युटर प्रयोग गर्न सजिलो छ ।

⑥ 東京は 住みにくいです。　　टोकियोमा बस्न गाह्रो छ ।

⑤ मा कम्प्युटर, सजिलै चलाउन सकिन्छ भन्ने विशेषता भएको कुरा जनाउँदछ, ⑥ मा टोकियो भन्ने शहर बस्नको लागि, कठिनाइ भोग्नु पर्ने भन्ने कुरा जनाउँदछ ।

२) क्रियाます स्वरुपमा इच्छाशक्ति नभएको क्रियाको अवस्थामा, 〜やすい ले त्यस कार्य सजिलै हुन सक्ने जनाउँदछ, 〜にくい ले त्यस कार्य हुन निकै गाह्रो छ भनेर जनाउँदछ ।

⑦ 白い シャツは 汚れやすいです。　　सेतो सर्ट सजिलै फोहोर हुन्छ ।

⑧ 雨の 日は 洗濯物が 乾きにくいです。　　पानी परेको दिन धोएको लुगा सुक्न गाह्रो हुन्छ ।

[सावधानी] 〜やすい, 〜にくい मा い विशेषण संगै प्रयोग गरिन्छ ।

⑨ この 薬は 砂糖を 入れると、飲みやすく なりますよ。
यो औषधि चिनी राख्यो भने, पिउन सजिलो हुन्छ ।

⑩ この コップは 割れにくくて、安全ですよ。
यो कप फुट्न गाह्रो हुने भएकोले, ढुक्क छु ।

३.

| संज्ञा१ を | い विशेषण (〜い) → 〜 く
な विशेषण [な] → 〜 に
संज्ञा२ に | します |

पाठ १९ मा अध्ययन गरेको 〜く／〜に なります मा, बिषयको परिवर्तनलाई जनाउने प्रस्तुत गर्छ भने, 〜く／〜に します मा, बिषय (संज्ञा१) लाई परिवर्तन गरेर जनाउने प्रस्तुति हो ।

⑪ 音を 大きく します。　　　　　　आवाज ठूलो गर्छु ।

⑫ 部屋を きれいに します。　　　　कोठा सफा गर्छु ।

⑬ 塩の 量を 半分に しました。　　नुनको मात्रा आधा गरें ।

४. संज्ञा に します

यस वाक्य संरचनाले छान्न वा निर्णय गर्न प्रयोग गरिन्छ ।

⑭ 部屋は シングルに しますか、ツインに しますか。

कोठा सिंगल गर्नु हुन्छ कि, डबल गर्नु हुन्छ ?

⑮ 会議は あしたに します。　　　　बैठक भोली गर्छु ।

44

पाठ ४५

I. शब्दावली

しんじますⅡ	信じます	विश्वास गर्नु, भरोसा गर्नु
キャンセルしますⅢ		रद्द गर्नु
しらせますⅡ	知らせます	जानकारी दिनु, सुचित गर्नु
ほしょうしょ	保証書	ग्यारेन्टी लेटर, जमानतको कागज
りょうしゅうしょ	領収書	रसिद
キャンプ		क्याम्प
ちゅうし	中止	रोक्नु, बन्द गर्नु
てん	点	स्कोर, नम्बर
うめ	梅	उमे, आरु (अमिलो फल)
110ばん	110番	आकस्मिक पुलिस नम्बर
119ばん	119番	आकस्मिक दमकल या एम्बुलेन्स नम्बर
きゅうに	急に	अचानक, एक्कासी
むりに	無理に	गाह्रो भएपनी गर्नु
たのしみに して います	楽しみに して います	रमाइलो हुन्छ भन्ने सोचि राखेको छु ।
いじょうです。	以上です。	यति नै हो । सिद्धियो ।

122

〈会話〉

係員	कार्यभार, कार्य प्रभारी
コース	कोर्स
スタート	शुरु, प्रारंभ
ー位	–औं (नम्बरमा)
優勝しますⅢ	जित्नु

〈読み物〉

悩み	चिन्ता
目覚まし[時計]	अलार्म घडी (बिहान जगाउने घण्टी)
目が 覚めますⅡ	आखाँ खुल्नु
大学生	विश्वविद्यालयका विद्यार्थी
回答	उत्तर, जवाफ (～します：उत्तर दिनु, जवाफ दिनु)
鳴りますⅠ	बज्नु
セットしますⅢ	सेट गर्नु, लगाउनु
それでも	त्यो भएतापनि

II. अनुवाद

वाक्यको संरचना

१. कार्ड हराउनु भयोभने, तुरन्त कार्ड कम्पनीमा खबर गर्नुहोस् ।

२. वाचा गरेको थिएं, तर उनी आईनन् ।

वाक्यको उदाहरण

१. भुकम्पले ट्रेन रोकिने बेला, कष्ट गरी घर नफर्कि, कम्पनीमा बस्नुहोस् ।
......हजुर, हुन्छ ।

२. यो यस कम्प्युटरको ग्यारेन्टी कागज हो । यदि कम्प्युटरको अवस्था राम्रो छैन भने, यो नम्बरमा फोन गर्नुहोस् ।
......हजुर, थाहा पाएँ ।

३. कृपया, यो पुस्तकालयमा फोटोकपि गरेको रसिद पाईन्छ ?
......हजुर । यदि रसिद चाहिन्छ भने, भन्नुहोस् ।

४. आगलागी र भुकम्पको अवस्थामा, लिफ्टको प्रयोग नगर्नुहोस् ।
......हजुर, हुन्छ ।

६. स्पीच राम्रो भयो ?
......भएन । एकदम अभ्यास गरी याद गरेको थिएँ तर, बिचमा बिर्सेछु ।

७. हिँउदमा पनि पैँयु फुलिरहेको छ हगि ।
......अँह, त्यो पैँयु होईन । आरुको फूल हो ।

संवाद

कोर्स नमिलेको खण्डमा के गर्दा हुन्छ ?

आयोजक:	सबैजना, यो म्याराथुन स्वास्थ म्याराथुन भएकोले, नसक्ने गरी नगर्नुहोस् । यदि स्वास्थ नराम्रो भएमा आयोजकलाई भन्नुहोस् ।
सहभागी सबैजना:	हुन्छ ।
सहभागी १:	सुन्नुस् न । कोर्स गल्ति भएको खण्डमा, के गर्दा हुन्छ ?
आयोजक:	पहिलाको ठाँउमा फर्कि फेरी गर्नुहोस् ।
सहभागी २:	अनि, बिचमै छोड्न मन लागेको अवस्थामा ?
आयोजक:	त्यस्तो अवस्थामा, नजिकको आयोजकलाई नाम भनेर फर्किनुहोस् । अब शुरु हुने समय भयो ।

....

सुजुकि:	मिलर जी, म्याराथुन कस्तो भयो ?
मिलर:	दोस्रो भएं ।
सुजुकि:	दोस्रो भएको है । कस्तो राम्रो है ।
मिलर:	होईन, एकदम अभ्यास गरेको भएपनि, जित्न नसकेकोले नरमाईलो भयो ।
सुजुकि:	फेरी अर्को बर्ष छ नी ।

III. उपयोगी शब्द र जानकारी

病院（びょういん） अस्पताल

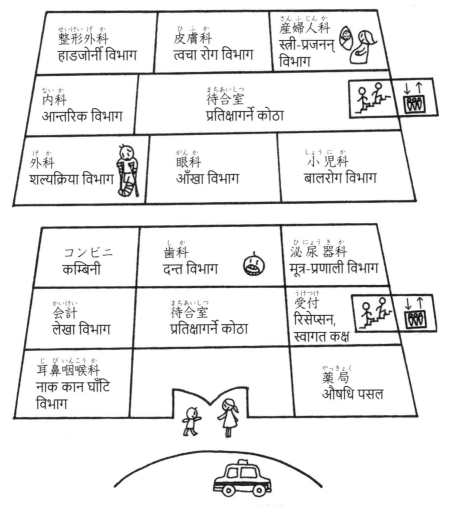

診察（しんさつ）する	बिरामी हेर्नु
検査（けんさ）する	जाँच गर्नु, परिक्षण गर्नु
注射（ちゅうしゃ）する	सुइदिनु
レントゲンを撮（と）る	एक्स-रे लिनु
入院（にゅういん）／退院（たいいん）する	अस्पताल भर्ना हुनु/घर जानु
手術（しゅじゅつ）する	शल्यक्रिया गर्नु
麻酔（ますい）する	बेहोस गर्नु

処方箋（しょほうせん）	डाक्टरले लेखिदिएको औषधि
カルテ	बिरामीको चार्ट
保険証（ほけんしょう）	बिमा कार्ड
診察券（しんさつけん）	बिरामीको दर्ता कार्ड

薬（くすり）の種類（しゅるい） औषधिको प्रकार

痛（いた）み止（ど）め／湿布薬（しっぷやく）／解熱剤（げねつざい）

नदुख्ने औषधि/टास्ने औषधि/ज्वरो घट्ने औषधि

錠剤（じょうざい）／粉薬（こなぐすり）／カプセル

चक्कि औषधि/धुलो औषधि/क्याप्सुल

IV. व्याकरण व्याख्या

१.

क्रिया शब्दकोश स्वरुप **क्रिया**ない**स्वरुप**ない **क्रिया**た**स्वरुप** い**विशेषण** (～い) な**विशेषण**な **संज्ञा**の	場合(ばあい)は、～

～ばあい ले कुनै अवस्थालाई अनुमान गर्ने अभिव्यक्ति हो । पछाडि आउने वाक्यमा, त्यसलाई कसरी सामना गर्ने तरिका, अर्थात्, यो भयो भने के हुन्छ भन्ने परिणाम जनाउँदछ । वाक्य जोड्ने बेलामा, ばあい संज्ञा भएको हुनाले, संज्ञा संशोधन जोड्ने गरिका एउटै हुन्छ ।

① 会議(かいぎ)に 間(ま)に 合(あ)わない 場合(ばあい)は、連絡(れんらく)して ください。
यदि बैठकमा भ्याउनु हुन्न भने, भने खबर गर्नुहोस् ।

② 時間(じかん)に 遅(おく)れた 場合(ばあい)は、会場(かいじょう)に 入(はい)れません。
यदि समय भन्दा ढिला भयो भने, हलमा प्रवेश गर्न पाउनु हुन्न ।

③ パソコンの 調子(ちょうし)が 悪(わる)い 場合(ばあい)は、どう したら いいですか。
यदि कम्प्युटरको अवस्था राम्रो छैन भने, के गर्दा हुन्छ ?

④ 領収書(りょうしゅうしょ)が 必要(ひつよう)な 場合(ばあい)は、言(い)って ください。
यदि रसिद चाहिन्छ भने, भन्नुहोस् ।

⑤ 火事(かじ)や 地震(じしん)の 場合(ばあい)は、エレベーターを 使(つか)わないで ください。
आगलागी र भुकम्पको अवस्थामा, लिफ्टको प्रयोग नगर्नुहोस् ।

२.

क्रिया い**विशेषण**	**सामान्य स्वरुप**	のに、～
な**विशेषण** **संज्ञा**	**सामान्य स्वरुप** ～だ→～な	

のに ले अघिल्लो बिषयबाट के हुन्छ भनि सोचेको थियो त्यसको ठिक उल्टो पछिल्लो बिषयमा आउँने अवस्थामा प्रयोग गरिन्छ । धेरै अवस्थामा, सोचेको भन्दा फरक अथवा असन्तुष्टिको भावना जनाइन्छ ।

⑥ 約束(やくそく)を したのに、彼女(かのじょ)は 来(き)ませんでした。
वाचा गरेपनि, उनी आइनन् ।

⑦ きょうは 日曜日(にちようび)なのに、働(はたら)かなければ なりません。
आज आइतबार भए पनि, काम नगरी हुँदैन ।

उदाहरणको लागि, ⑥ को अवस्थामा, 「वाचा गरेको थियो」 भन्ने अघिल्लो बिषयबाट बास्तवमा 「आउँछ」 भन्ने सोचेको थियो तर, त्यस सोचलाई धोका दिएको भावना जनाउँदछ । साथै, ⑦ को अवस्थामा, 「आइतबार」 भन्ने अघिल्लो बिषयबाट बास्तवमा 「बिदा बस्न पाउँछ」 भनि निर्देशित भैसकेको भएतापनि, काम नगरी नहुने भएकोले, のに को प्रयोग गरी असन्तुष्टिको भावना जनाइन्छ ।

[सावधानी १] ～のに र ～が को फरक

⑥⑦ को のに साटोमा が लाई राखेको अवस्थामा, सोचेको भन्दा फरक अथवा असन्तुष्टिको भावना जनाउँन संकिदैन ।

⑧　約束（やくそく）を　しましたが、彼女（かのじょ）は　来（き）ませんでした。

वाचा गरेको थिएं, तर उनी आइनन् ।

⑨　きょうは　日曜日（にちようび）ですが、働（はたら）かなければ　なりません。

आज आइतबार तर, काम नगरी हुँदैन ।

[सावधानी २] ～のに र ～ても को फरक

～のに ले पहिला नै भैसकेको बारेमा वक्ताको भावना जनाउने कार्य गर्दछ, ～ても को जस्तै, काल्पनिक उल्टो भावना जनाउँन सकिंदैन ।

⑩　あした　雨（あめ）が　降（ふ）っても、サッカーを　します。

भोली पानी परेपनि, फुटबल खेल्छु ।

×　あした　雨（あめ）が　降（ふ）るのに、サッカーを　します。

पाठ ४६

I. शब्दावली

わたします I	渡します	सुपुर्दगी, दिनु
かえって きますⅢ	帰って 来ます	फर्केर आउनु
でますⅡ	出ます	जानु, छुट्नु
［バスが～］		［बस～］
とどきます I	届きます	पुग्नु
［にもつが～］	［荷物が～］	［समान～］
にゅうがくしますⅢ	入学します	भर्ना हुनु, प्रवेश गर्नु
［だいがくに～］	［大学に～］	［विश्वविद्यालयमा～］
そつぎょうしますⅢ	卒業します	सिद्धिनु, पास हुनु, स्नातक उपाधि प्राप्त गर्नु
［だいがくを～］	［大学を～］	［विश्वविद्यालय～］
やきます I	焼きます	पोल्नु
やけますⅡ	焼けます	पोलियो
［パンが～］		［पाउरोटी～］
［にくが～］	［肉が～］	［मासु～］
るす	留守	अनुपस्थिति, नहुनु
たくはいびん	宅配便	सामान घरमा लिएर आउने सेवा
げんいん	原因	कारण
こちら		यता, यतातिर
～の ところ	～の 所	～भएको ठाउँमा
はんとし	半年	आधा वर्ष, छ महिना
ちょうど		ठीक्क
たったいま	たった今	भर्खर (भुतकालमा प्रयोग गरिन्छ, कुनै कार्य सकिएको जनाउंछ)
いま いいですか。	今 いいですか。	अहिले समय छ ?

〈会話(かいわ)〉

ガスサービスセンター	ग्याँस सेवा केन्द्र
ガスレンジ	ग्याँस चुलो
具合(ぐあい)	अवस्था, स्थिति, हालत
申(もう)し訳(わけ)ありません。	क्षमा गर्नु होला ।
どちら様(さま)でしょうか。	को हुनु हुन्छ होला ?
お待(ま)たせしました。	प्रतीक्षा गराएकोमा क्षमा चाहन्छु ।
向(む)かいますⅠ	त्यतै आउंदै छु

〈読(よ)み物(もの)〉

ついて いますⅡ	भाग्यमानी छ है (लक)
床(ゆか)	भुइँ
転(ころ)びますⅠ	लड्नु
ベル	बेल, घन्टी
鳴(な)りますⅠ	बज्नु
慌(あわ)てて	हतारमा
順番(じゅんばん)に	क्रमका साथ
出来事(できごと)	घटना, भएको कुरा

II. अनुवाद

वाक्यको संरचना

१. बैठक अबबाट सुरु हुन लागेको छ ।
२. उसले भर्खरै मार्चमा विश्वविद्यालय स्नातक गरेको थियो ।
३. मिलर जी बैठक कोठामा हुनुहुन्छ होला ।

वाक्यको उदाहरण

१. हेलो, तानाखा बोल्दै छु, अहिले एकछिन कुरा गर्न मिल्छ ?
……माफ गर्नुहोस् । अहिले रेल चढ्न लागेको छु । पछि म फोन गर्छु ।
२. बिग्रेको कारण थाहा पाउनुभयो ?
……छैन, निरिक्षण गर्दैछु ।
३. वातानाबे जी हुनुहुन्छ ?
……ओहो, भर्खरै फर्किनुभयो । अहिले लिफ्टमा हुनुहुन्छ होला ।
४. काम कस्तो छ ?
……अघिल्लो महिनामा मात्रै जागिरे भएको थिएँ, त्यत्ति थाहा छैन ।
५. यो भिडियो क्यामेरा, अघिल्लो हप्ता किनेको मात्रै थियो, चल्दैन ।
……त्यसोभए, एकचोटि देखाउनुहोस् ।
६. मिलर जी अझै आउनुभएको छैन ?
……अघि स्टेसनबाट फोन आएको थियो, तुरन्तै आउनुहुन्छ होला ।

संवाद

गत हप्ता मात्रै बनाईदिनु भएको थियो, फेरी……

एजेन्ट: हजुर, ग्याँस सर्भिस सेवा हो ।
थावापोन: अँ, ग्याँस चुल्होको अवस्था त्यत्ति राम्रो छैन…… ।
एजेन्ट: कस्तो अवस्था छ ?
थावापोन: गत हप्ता मात्रै बनाईदिनु भएको थियो, फेरी आगो निभ्ने गर्छ । डरलाग्दो भएकोले, छिटो हेर्न आउन सक्नुहुन्छ ?
एजेन्ट: थाहा पाएँ । ५ बजे सम्ममा जान सकिन्छ होला । ठेगाना र नाम भन्नुहोस् ।

……………………………………………………………………

थावापोन: हेलो, ५ बजेतिर ग्याँस चुल्हो हेर्न आईदिनु हुन्छ भन्नु भएको थियो, अहिले सम्म आउनु भएको छैन हो ?
एजेन्ट: माफ गर्नुहोला । हजूर को बोल्नु भएको ?
थावापोन: थावापोन हो ।
एजेन्ट: एकछिन पर्खिनुहोस् । बनाउने व्यक्तिलाई खबर गरिदिन्छु ।

……………………………………………………………………

एजेन्ट: धेरै पर्खिनुपर्यो । अहिले तपाईकोमा आउँदै छ । अब १० मिनेट जत्ति पर्खिनुहोस् ।

III. उपयोगी शब्द र जानकारी

かたかな語のルーツ　काताकाना शब्दको स्रोत

जापानी भाषाको शब्दभित्र धेरै बिदेशबाट आएका शब्दहरु छन् । त्यस शब्दलाई लेख्रेबेला काताकाना शब्दको प्रयोग गरिन्छ । बिदेशी शब्द अंग्रेजी भाषा बाट आएका धेरै छन्, तर फ्रान्स, नेदरल्यान्द, जर्मन र पोर्चुगलबाट आएका शब्दपनि छन् । तथापि जापानले बनाएका काताकाना शब्दपनि छन् ।

	食べ物・飲み物 खाना र पेय पदार्थ	服飾 लुगा र सिंगारका सामान	医療関係 चिकित्सासंग सम्बन्धित	芸術 कला	その他 अन्य
英語	ジャム जाम ハム ह्याम クッキー कुकि, बिस्कुट チーズ चिज	エプロン एप्रोन スカート स्कर्ट スーツ सुट	インフルエンザ इन्फुलुएन्जा, फ्लु ストレス स्ट्रेस	ドラマ ड्रामा コーラス कोरस メロディー मेलोडि	スケジュール समय-तालिका ティッシュペーパー टिस्यु पेपर トラブル समस्या レジャー फुर्सदको समय
フランス語	コロッケ क्रकेट オムレツ अमलेत	ズボン सुरुवाल ランジェリー महिलाको भित्री वस्त्र		バレエ ब्याले नृत्य アトリエ स्टुडियो	アンケート प्रश्नावली コンクール प्रतियोगिता
ドイツ語	フランクフルト [ソーセージ] ससेज		レントゲン एक्स-रे アレルギー एलर्जी	メルヘン परिकथा	アルバイト छोटो समयको काम エネルギー शक्ति, जांगर テーマ विषयवस्तु
オランダ語	ビール बियर コーヒー कफि	ホック हुक ズック कपडाको जुत्ता	メス शल्यक्रियागर्दा प्रयोगगर्ने चक्कु ピンセット चिम्ता	オルゴール संगीतको आवाज आउने बाकस	ゴム रबर ペンキ रङ्गरोगन ガラス गिलास
ポルトガル語	パン पाउरोटि カステラ स्पन्ज केक	ビロード मखमल ボタン टाँक			カルタ कार्ड
イタリア語	マカロニ म्याकारोनी パスタ पास्टा スパゲッティ स्पागेटी			オペラ गितिनाटक	

IV. व्याकरण व्याख्या

१. **क्रिया शब्दकोश स्वरुप / क्रिया て स्वरुप いる / क्रिया た स्वरुप** } ところです

यस पाठमा अध्ययन गर्ने ところ मा, कुनै कार्य अथवा घटनाको पक्षलाई बयान गर्न प्रयोग गरिन्छ ।

१) क्रिया शब्दकोश स्वरुप ところです

यस स्वरुपले कार्य शुरु हुन ठिक अगाडिलाई जनाउँदछ । これから, [ちょうど]いまから इत्यादि क्रियाविशेषण संगै धेरै प्रयोग गरिन्छ ।

① 昼(ひる)ごはんは もう 食(た)べましたか。
……いいえ、これから 食(た)べる ところです。
दिउँसोको खाना खानुभयो ?
......अहँ, अब खान लागेको छु ।

② 会議(かいぎ)は もう 始(はじ)まりましたか。
……いいえ、今(いま)から 始(はじ)まる ところです。
बैठक शुरु भैसक्यो ?
......अहँ, अबबाट सुरु हुन लागेको छ ।

२) क्रिया て स्वरुप いる ところです

कार्य भैरहेको छ भनेर जनाइन्छ । いま संग धेरैजसो प्रयोग गरिन्छ ।

③ 故障(こしょう)の 原因(げんいん)が わかりましたか。
……いいえ、今(いま) 調(しら)べて いる ところです。
खराबीको कारण थाहा पाउनु भयो ?
......अहँ, अहिले निरिक्षण गर्दैछु ।

३) क्रिया た स्वरुप ところです

यस स्वरुपले कार्य भर्खरै समाप्त भएको जनाउँदछ । たったいま इत्यादि क्रियाविशेषणसंग धेरै जसो प्रयोग गरिन्छ ।

④ 渡辺(わたなべ)さんは いますか。
……あ、たった今(いま) 帰(かえ)った ところです。
वातानाबे जी हुनुहुन्छ ?
......लौ, भर्खरै जानुभयो ।

⑤ たった今(いま) バスが 出(で)た ところです。
भर्खरै बस गयो ।

[सावधानी] ～ところです लाई संज्ञा वाक्यको रुपमा बिभिन्न वाक्य संरचनासंग जोडिन्छ ।

⑥ もしもし 田中(たなか)ですが、今(いま) いいでしょうか。
……すみません。今(いま)から 出(で)かける ところなんです。
हेलो तानाखा बोल्दै छु, अहिले केहि समय छ ?
......माफ गर्नुहोस्, अबबाट बाहिर जान लागेको छु ।

२. क्रियाた स्वरुप ばかりです

यस वाक्य संरचनामा पनि कार्य भएको, कुनै घटना भैसकेर, धेरै समय नबितेको कुरा वक्ताको भावना जनाउँदछ। वास्तविक समय बितेको लामो छोटोलाई वास्ता नगरी, वक्तालाई समय छोटो लागेको खण्डमा यस वाक्य संरचना प्रयोग गर्न सकिन्छ। यस बिषयमा क्रियाた स्वरुप ところです संग फरक हुन्छ।

⑦ さっき 昼(ひる)ごはんを 食(た)べた ばかりです。
भर्खरै दिउँसोको खाना खाएँ।

⑧ 木村(きむら)さんは 先月(せんげつ) この 会社(かいしゃ)に 入(はい)った ばかりです。
किमुरा जी अघिल्लो महिना मानै यस कम्पनीमा प्रवेश गर्नु भएको थियो।

[सावधानी] ～ばかりです लाई संज्ञा वाक्यको रुपमा बिभिन्न वाक्य संरचनामा जोडिन्छ।

⑨ この ビデオは 先週(せんしゅう) 買(か)った ばかりなのに、調子(ちょうし)が おかしいです。
यो भिडियो गत हप्ता मात्रै किनेको भएपनि, राम्रोसंग काम गरेको छैन।

३.

क्रिया शब्दकोश स्वरुप **क्रिया**ない**स्वरुप**ない い**विशेषण** (～い) な**विशेषण**な **संज्ञा**の	はずです

यस वाक्य संरचनामा वक्ताले कुनै आधारमा आफैले गरेको निर्णयलाई बिश्वस्त भई बयान गर्ने बेला प्रयोग गरिन्छ।

⑩ ミラーさんは きょう 来(く)るでしょうか。
……来(く)る はずですよ。きのう 電話(でんわ)が ありましたから。
मिलर जी आज आउनु हुन्छ ?
......आउनु पर्छ। हिजो फोन आएकोले।

⑩ मा「हिजोको फोनले」निर्णयको आधार हो, त्यस आधारलाई मुख्य रुपमा वक्ता आफैले「आज मीलर जी आउने」भनी निर्णय गरी, त्यस निर्णयमा बिश्वस्त भएको कुरालाई ～はずです को प्रयोग गरी प्रस्तुत गरिएको छ।

पाठ ४७

47

I. शब्दावली

ふきます I ［かぜが～］	吹きます ［風が～］	लाग्नु [हावा～]
もえます II ［ごみが～］	燃えます	जल्नु [फोहर～]
なくなります I	亡くなります	मर्नु, परलोक सुधार्नु (しにます को मंगल भाषा)
あつまります I ［ひとが～］	集まります ［人が～］	जम्मा हुनु [मानिस～]
わかれます II ［ひとが～］	別れます ［人が～］	छुट्टिनु [मानिस～]
します III		
［おと／こえが～］	［音／声が～］	[आवाज/स्वर] आउनु
［あじが～］	［味が～］	[स्वाद] आउनु
［においが～］		[गन्ध] आउनु
きびしい	厳しい	कडा
ひどい		भयानक, कठोर
こわい	怖い	डरलाग्दो
じっけん	実験	प्रयोग, परीक्षण
データ		डाटा, तथ्याङ्क
じんこう	人口	जनसंख्या
におい		गन्ध
かがく	科学	विज्ञान
いがく*	医学	चिकित्साविज्ञान
ぶんがく	文学	साहित्यशास्त्र
パトカー		पुलिस कार
きゅうきゅうしゃ	救急車	एम्बुलेन्स
さんせい	賛成	सहमत
はんたい	反対	विपरीत
だいとうりょう	大統領	राष्ट्रपति
～に よると		～को भनाइ अनुसार (कसैको खबर भन्दा प्रयोग हुन्छ)

〈会話〉

婚約します Ⅲ	टिकाटाला गर्नु, सगाई गर्नु
どうも	त्यत्ति (आफुलाई यकिन नभएको कुरा भन्दा प्रयोग हुन्छ)
恋人	प्रेमी, प्रेमिका
相手	अर्को मान्छे, विपक्षी
知り合います Ⅰ	चिनजान हुनु

〈読み物〉

化粧	श्रृंगार (〜を します : श्रृंगार गर्नु)
世話を します Ⅲ	सेवा गर्नु
女性	महिला
男性	पुरुष
長生き	लामो जिन्दगि (〜します : लामो जिन्दगि जिउनु)
理由	कारण
関係	सम्बन्ध

II. अनुवाद

वाक्यको संरचना

१. मौसम पुर्वानुमान अनुसार, भोलि चिसो हुने सम्भावना छ रे ।
२. संगैको कोठामा कोहि छ जस्तो छ ।

वाक्यको उदाहरण

१. अखबार पढेको थिएँ, जनवरीमा जापानी भाषाको स्पिच कन्टेस्ट छ जस्तो छ ।
मिलर जी भाग लिएर हेर्ने होइन ?
......हो है । विचार गरेर हेर्छु ।
२. क्लारा जी सानो बेला, फ्रान्समा बस्नुभएको जस्तो छ ।
......त्यसोभए, फ्रेन्च भाषा थाहा छ होला है ।
३. पावर कम्पनीको ईलेक्ट्रोनिक शब्दकोश एकदम प्रयोग गर्न सजिलो भई, राम्रो छ जस्तो छ ।
......हो नी । मैले किनीसकें ।
४. वाट्ट जी कडा शिक्षक हुनुहुन्छ जस्तो छ है ।
......हो । तर, कक्षा एकदम रमाईलो छ नी ।
५. चहलपहलको आवाज सुनिन्छ है ।
......हो । पार्टि गरीरहेको जस्तो छ ।
६. मानिसहरु धेरै जम्मा भएका छन् ।
......दुर्घटना भएको जस्तो छ । पुलिसको गाडी र एम्बुलेन्स आइरहेका छन् ।

संवाद

अस्ति सगाई गरेको थियो जस्तो छ

वातानाबे: छिटो फर्किन्छु माफ गर्नुहोस् ।
ताखाहासी: ओहो, वातानाबे जी, एकछिन पर्खिनुहोस् । म पनि फर्किन्छु ।
वातानाबे: माफ गर्नुहोला, अलिक हतारमा छु ।
....
ताखाहासी: वातानाबे जी, आजकल छिटो पर्खिनुहुन्छ है । जसरी सोचेपनि प्रेमी बनेको जस्तो छ है ।
हायासी: लौ, थाहा छैन ? अस्ति सगाई गरेको थियो जस्तो छ ।
ताखाहासी: हो र, को होला, त्यो व्यक्ति ?
हायासी: आई एम सीको सुजुकि जी हो ।
ताखाहासी: हो र, सुजुकी जी ?
हायासी: वाट्ट जीको विवाहमा चिनेको जस्तो छ ।
ताखाहासी: हो र ।
हायासी: प्रसंगवस, ताखाहासी जीको नी ?
ताखाहासी: मेरो ? मेरो त कामनै प्रेमी हो ।

III. उपयोगी शब्द र जानकारी

擬音語・擬態語　अनुकरणात्मक शब्द

ザーザー（降る） झम झम (पानी पर्नु) 	ピューピュー（吹く） फू फू (हावा लाग्नु) 	ゴロゴロ（鳴る） गडयाङ गुरुङ (आवाज आउनु)
ワンワン（ほえる） ह्वाङ ह्वाङ (भुक्नु) 	ニャーニャー（鳴く） म्याउ म्याउ (कराउनु) 	カーカー（鳴く） का का (कराउनु)
げらげら（笑う） हर्रर हर्रर (हास्नु) 	しくしく（泣く） सुंक्क सुंक्क (रुनु) 	きょろきょろ（見る） पुलुक पुलुक (हेर्नु)
ぱくぱく（食べる） ग्वाम ग्वाम (खानु) 	ぐうぐう（寝る） घुरुरु घुरुरु (सुत्नु) 	すらすら（読む） सर सर (पढ्नु)
ざらざら（している） खर्रर खर्रर (हुनु) 	べたべた（している） च्याप च्याप (हुनु) 	つるつる（している） चिप्लो (हुनु)

IV. व्याकरण व्याख्या

१. **सामान्य स्वरुप** そうです　～जस्तो छ रे

वक्ताले अन्य कसैबाट पाएको जानकारीलाई, आफ्नो विचार नराखी श्रोतालाई भन्ने प्रस्तुति हो । जानकारीको श्रोतालाई जनाउने बेला, ～に よると भन्ने स्वरुपले वाक्यको शुरुलाई जनाइन्छ ।

① 天気予報に よると、あしたは 寒く なるそうです。
मौसम पुर्वानुमान अनुसार, भोलि चिसो हुने सम्भावना छ रे ।

② クララさんは 子どもの とき、フランスに 住んで いたそうです。
क्लारा जी सानो बेला, फ्रान्समा बस्नु भएको थियो रे ।

③ バリは とても きれいだそうです。
बाली अत्यन्त सुन्दर छ रे ।

[सावधानी १] पाठ ४३ मा अध्ययन गरेको ～そうです भनेको अर्थ पनि जोडिने तरिका पनि फरक हुने, भएकोले ध्यान दिनुपर्ने हुन्छ । तलका उदाहरण फरक हेरौं ।

④	雨が 降りそうです。	पानी पर्ला जस्तो छ । (पाठ ४३)
⑤	雨が 降るそうです。	पानी पर्ला जस्तो छ रे ।
⑥	この 料理は おいしそうです。	यो खाना मिठो देखिन्छ । (पाठ ४३)
⑦	この 料理は おいしいそうです。	यो खाना मिठो छ रे ।

[सावधानी २] ～そうです (सुनेको) र ～と いって いました (पाठ ३३) को फरक

⑧ ミラーさんは あした 京都へ 行くそうです。
मिलर जी भोली क्योटो जानुहुन्छ जस्तो छ ।

⑨ ミラーさんは あした 京都へ 行くと 言って いました。
मिलर जी भोली क्योटो जाने भन्दै थियो ।

⑨ को उदाहरणमा, जानकारीको श्रोत मीलरजी हो भने, ⑧ को उदाहरणमा जानकारीको श्रोत मीलरजी बाहेक अरु पनि हुन सक्छ ।

२.

क्रिया い**विशेषण**	**सामान्य स्वरुप**	ようです
な**विशेषण**	**सामान्य स्वरुप** ～だ→～な	
संज्ञा	**सामान्य स्वरुप** ～だ→～の	

～जस्तो छ

～ようです मा, वक्ताले त्यस स्थानको अवस्थाबाट निर्णय गरेको कुरा जनाउने प्रस्तुति हो ।「स्पष्ट निर्णय गर्न नसक्ने नभई」भन्ने अर्थ जनाउने क्रियाविशेषण どうも को प्रयोग पनि गरिन्छ ।

⑩ 人が 大勢 集まって いますね。
……事故のようですね。パトカーと 救急車が 来て いますよ。
मानिसहरु धैरै जम्मा भएका छन् ।
......दुर्घटना भएको जस्तो छ । पुलिसको गाडी र एम्बुलेन्स आइरहेका छन् ।

⑪ せきも 出るし、頭も 痛い。どうも かぜを ひいたようだ。
खोकि पनि लागिरहेको छ, टाउको पनि दुखिरहेको छ । सम्भवत रुघा लागेको हुन सक्छ ।

[सावधानी] ～そうです (पाठ ४३) र ～ようです को फरक

⑫　ミラーさんは 忙しそうです。　　　　मिलर जी व्यस्त जस्तो छ ।

⑬　ミラーさんは 忙しいようです。　　　मिलर जी व्यस्त जस्तो देखिन्छ ।

⑫ मा मीलर जीको बाहिरी अवस्थाको बारेमा बयान गरिएको हो भने, ⑬ मा वक्ताले कुनै अवस्था (「सम्पर्क गर्न नसक्नु」「योजना गरिएको पार्टीमा नआउनु」 जस्ता) बाट अवस्थाले गरिएको निर्णयलाई जनाउँदछ ।

३. | 声／音／におい／味が します |

⑭　にぎやかな 声が しますね。　　　　चहलपहलको आवाज सुनिन्छ है ।

पाँच ज्ञानेन्द्रियबाट स्वर, आवाज, बासना, स्वाद इत्यादिबाट महशुस गर्ने जनाउँदछ ।

पाठ ४८

I. शब्दावली

48

おろします I	降ろします、 下ろします	झार्नु
とどけます II	届けます	पुर्याउनु
せわを します III	世話を します	सेवा गर्नु
ろくおんします III	録音します	रेकर्ड गर्नु
いや[な]	嫌[な]	मन नपराउनु
じゅく	塾	ट्युसन सेन्टर
せいと	生徒	छात्र छात्रा, विद्यार्थी
ファイル		फाइल
じゆうに	自由に	स्वतन्त्र रुपमा
～かん	～間	～मा (अवधि जनाउन प्रयोग गरिन्छ)
いい ことですね。		राम्रो कुरा हो है ।

〈会話〉

お忙しいですか。 हजुर व्यस्त हुनुहुन्छ ? (आफुभन्दा माथिल्लो तहको मान्छे लाई भन्दा प्रयोग हुन्छ)

営業 बिक्री, बिजनेस

それまでに त्यो सम्ममा

かまいません。 भए हुन्छ । ठिकै छ ।

楽しみますⅠ रमाइलो गर्छु, आनन्द लिन्छु

〈読み物〉

親 आमाबुबा

小学生 प्राथमिक तहका विद्यार्थी

ーパーセント ーप्रतिशत

その次 त्यस पछि

習字 सुलेख, हस्तलेखनकला (अक्षर लेख्ने तरिका सिक्नु)

普通の सामान्य

48

141

II. अनुवाद

वाक्यको संरचना

१. छोरालाई ब्रिटेनमा अध्ययन गर्न पठाउँछु ।
२. छोरीलाई पियानो सिक्न लगाउँछु ।

वाक्यको उदाहरण

१. यस फुटबल कक्षामा अभ्यास एकदम कडा जस्तो छ है ।
......हजुर, हरेकदिन बच्चाहरुलाई १ किलोमिटर दौडाउन लगाउंछु ।

२. समय भयो अब जान्छु ।
......हो र, एकछिन पर्खिनुहोस् । छोरालाई स्टेसनसम्म पुर्‍याउन लगाउँछु ।

३. हान्स विद्यालयको अध्ययन बाहेक, अरु केहि सिकिरहेको छ ?
......हजुर, जुडो जान मन छ भनेकोले, जुडोकक्षामा पठाईरहेको छु ।

४. ईटोउ जी कस्तो खालको शिक्षक हुनुहुन्छ ?
......राम्रो शिक्षक हुनुहुन्छ नी । विद्यार्थीलाई मनपर्ने पुस्तक पढाएर, स्वतन्त्र विचार भनाउन लगाउँछ ।

५. कृपया । एकछिन यहाँ गाडि रोक्न लगाउनु हुन्छ ?
......हुन्छ नी ।

संवाद

बिदा दिलाउन सक्नुहुन्छ ?

मिलर:	सर, अहिले व्यस्त हुनुहुन्छ ?
नाखामुरा शाखा प्रमुख:	होइन, भन्नुहोस् ।
मिलर:	अलिकति अनुरोध गर्नु पर्ने थियो...... ।
नाखामुरा शाखा प्रमुख:	के हो ?
मिलर:	अँ, अर्को महिना ७ तारिखबाट १० दिनको लागि बिदा दिलाउन सक्नुहुन्छ ?
नाखामुरा शाखा प्रमुख:	१० दिन हो ।
मिलर:	साँच्चै भन्ने हो भने, अमेरिकाको साथीले विवाह गर्ने भएको छ ।
नाखामुरा शाखा प्रमुख:	हो र ।
	अँ, अर्को महिना २० तारिखमा व्यापार बैठक छ, त्यसबेला सम्ममा फर्किन सक्नुहुन्छ है ?
मिलर:	हजुर ।
नाखामुरा शाखा प्रमुख:	त्यसोभए हुन्छ । रमाईलो गरेर आउनुहोस् ।
मिलर:	धन्यवाद ।

III. उपयोगी शब्द र जानकारी

しつける・鍛える　अनुशासन र अभ्यास

子どもに何をさせますか。　बच्चालाई के गराउनु हुन्छ ?

● 自然の中で遊ぶ
प्रकृतिसंग खेल्नु

● スポーツをする
खेल खेल्नु

● 一人で旅行する
एक्लै भ्रमण गर्नु

● いろいろな経験をする
बिभिन्न अनुभव गर्नु

● いい本をたくさん読む
राम्रो पुस्तक धेरै पढ्नु

● お年寄りの話を聞く
बुढापाकाको कुरा सुन्नु

● ボランティアに参加する
स्वयंसेवक कार्यमा सहभागी हुनु

● うちの仕事を手伝う
घरको काममा सहयोग गर्नु

● 弟や妹、おじいちゃん、おばあちゃんの世話をする
भाइ वा बहिनी, बाजे, बज्यैको सेवा गर्नु

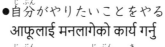

● 自分がやりたいことをやる
आफूलाई मनलागेको कार्य गर्नु

● 自分のことは自分で決める
आफ्नो कामकुरा आफै निर्णय गर्नु

● 自信を持つ
आत्मविश्वास गर्नु

● 責任を持つ
जिम्मेवार हुनु

● 我慢する
सहनु, खप्नु

● 塾へ行く
ट्युसन जानु

● ピアノや英語を習う
पियानो वा अंग्रेजीको अध्ययन गर्नु

IV. व्याकरण व्याख्या

१. प्रेरणात्मक क्रिया

		प्रेरणात्मक क्रिया	
		विनम्र स्वरुप	सामान्य स्वरुप
Ⅰ	いきます	いかせます	いかせる
Ⅱ	たべます	たべさせます	たべさせる
Ⅲ	きます	こさせます	こさせる
	します	させます	させる

(मुख्य पुस्तक, पाठ ४८, अभ्यास A1 हेर्नुहोस्)

प्रेरणात्मक क्रियालाई समूह Ⅱ को क्रियासंग आबद्ध गरेर प्रयोग गरिन्छ ।

उदाहरणः かかせます　かかせる　かかせ（ない）　かかせて

२. प्रेरणात्मक क्रियाको वाक्य

प्रेरणात्मक क्रियामा कार्य गर्ने व्यक्तिलाई を ले जनाउने र, に ले जनाउने छन् । तलका १) को जस्तो पहिलाको क्रिया अकर्मक क्रियाको अवस्थामा मुख्यरुपमा を को प्रयोग, २) को जस्तो सकर्मक क्रियाको अवस्थामा に ले जनाउँदछ ।

१) संज्ञा (व्यक्ति) を प्रेरणात्मक क्रिया (अकर्मक क्रिया)

कसैलाई केहि गर्न दिनु/गराउनु (अकर्मक क्रिया)

① 部長は ミラーさんを アメリカへ 出張させます。

बिभाग प्रमुखले मिलर जीलाई अमेरिकाको व्यापारिक भ्रमणमा पठाउनुभयो ।

② わたしは 娘を 自由に 遊ばせました。

मैले छोरीलाई स्वतन्त्र रुपमा खेल्नदिएँ ।

[सावधानी] अकर्मक क्रियामा「संज्ञा (ठाउँ) を」लिने ठाउँमा, कार्य गर्ने व्यक्तिलाई に ले जनाउँदछ ।

③ わたしは 子どもに 道の 右側を 歩かせます。

मैले बच्चालाई बाटोको दायाँपट्टि हिँडाए ।

२) संज्ञा₁ (व्यक्ति) に संज्ञा₂ を प्रेरणात्मक क्रिया (सकर्मक क्रिया)

कसैलाई केहि गर्न दिनु/गराउनु (सकर्मक क्रिया)

④ 朝は 忙しいですから、娘に 朝ごはんの 準備を 手伝わせます。

बिहान व्यस्त हुने भएकोले, छोरीलाई बिहानको खाना तयार गर्न सहयोग गराउँछु ।

⑤ 先生は 生徒に 自由に 意見を 言わせました。

शिक्षकले विद्यार्थीलाई स्वतन्त्ररुपमा विचार व्यक्त गराउनुभयो ।

३. प्रेरणात्मक क्रियाको प्रयोग गर्ने तरिका

प्रेरणात्मक क्रियाले, जबर्जस्ती अथवा स्वीकृति दिने बेला व्यक्त गर्दछ । जस्तै, अभिभावकले बच्चालाई, दाइले भाइलाई, माथिल्लो कर्मचारीले तल्लो कर्मचारीलाई इत्यादि, माथिल्लो व्यक्तिले तल्लो व्यक्तिलाई कुनै कार्य जबर्जस्ती गराउनु, तल्लो व्यक्तिको कार्यलाई स्वीकृति गर्दा प्रयोग गरिन्छ । माथिका ①③④ ले जबर्जस्तीको उदाहरण, ②⑤ ले स्वीकृतिको उदाहरण हुन्छ ।

[सावधानी] सामान्यतया, माथिल्लो व्यक्तिलाई जबर्जस्ती अथवा स्वीकृति गर्ने स्थिति नभएको हुनाले, प्रेरणात्मक क्रियाको प्रयोग गरिंदैन । यस कुलाई (तलको ⑥ मा せつめいします) ले अन्य व्यक्ति (⑥ मा ぶちょう) लाई केहि गराउनको लागि, क्रियाて स्वरुप いただきます, क्रियाて स्वरुप もらいます इत्यादिले समर्थन वा फाइदा जनाउँन प्रयोग गरिन्छ । यसरी भन्ने तरिकालाई, ⑦ को जस्तो, बराबर अथवा तल्लो व्यक्ति लाई लाभ पायो भनेर अभिव्यक्त गर्ने बेला, प्रयोग गर्न सकिन्छ ।

⑥ わたしは 部長(ぶちょう)に 説明(せつめい)して いただきました。
　मलाई बिभाग प्रमुखले व्याख्या गरिदिनु भयो ।

⑦ わたしは 友達(ともだち)に 説明(せつめい)して もらいました。
　म साथीद्वारा व्याख्या गरी पाएँ ।

४. प्रेरणात्मक क्रियाて स्वरुप いただけませんか

तपाईंले कृपया मलाई गरीदन सक्नुहुन्छ...... ?

पाठ २६ मा क्रियाて स्वरुप いただけませんか को अध्ययन गरियो । यसले, कुनै कार्य कसैलाई गराउने बेला भन्ने तरिका हो तर, वक्ताले आफ्नो कार्यको लाभ पाउन अनुरोध गर्ने बेला, प्रेरणात्मक क्रिया て स्वरुप いただけませんか को प्रयोग गरिन्छ ।

⑧ いい 先生(せんせい)を 紹介(しょうかい)して いただけませんか。
　राम्रो शिक्षक परिचय गराइदिन सक्नुहुन्छ ? (पाठ २६)

⑨ 友達(ともだち)の 結婚式(けっこんしき)が あるので、早(はや)く 帰(かえ)らせて いただけませんか。
　साथीको विवाह भोज भएको हुनाले, छिटो घर फर्काइ दिन सक्नुहुन्छ ?

⑧ मा しょうかいします चाहिँ श्रोता हो भने, ⑨ को かえります चाहिँ वक्ता हो ।

पाठ ४९

I. शब्दावली

49

りようしますⅢ	利用します	प्रयोग गर्नु
つとめますⅡ ［かいしゃに～］	勤めます ［会社に～］	काम गर्नु [कम्पनी मा～]
かけますⅡ ［いすに～］	掛けます	बिसाउनु, बस्नु [कुर्सीमा～]
すごしますⅠ	過ごします	बिताउनु
いらっしゃいますⅠ		आउनु, जानु, हुनु (います, いきます, きます को सम्मानपुर्ण भाषा)
めしあがりますⅠ	召し上がります	खानु, पिउनु (たべます, のみます को सम्मानपुर्ण भाषा)
おっしゃいますⅠ		भन्नु, (नाम) ～भन्छन (いいます को सम्मानपुर्ण भाषा)
なさいますⅠ		गर्नु (します को सम्मानपुर्ण भाषा)
ごらんに なりますⅠ	ご覧に なります	हेर्नु (みます को सम्मानपुर्ण भाषा)
ごぞんじです	ご存じです	थाहा छ (しって います को सम्मानपुर्ण भाषा)
あいさつ		अभिवादन (～を します : अभिवादन गर्नु)
りょかん	旅館	जापानी शैलीको होटल
バスてい	バス停	बसपार्क
おくさま	奥様	(अरुको) श्रीमती, पत्नी (おくさん को सम्मानपुर्ण भाषा)
～さま	～様	～जी (さん को सम्मानपुर्ण भाषा)
たまに		कहिलेकाहिँ
どなたでも		जो पनी (だれでも को सम्मानपुर्ण भाषा)
～と いいます		(नाम) ～भन्छन

〈会話〉

－年－組	－कक्षा－औं श्रेणी
出します I ［熱を～］	आउनु [ज्वरो～]
よろしく お伝え ください。	सोधेको छ भन्दिनु होला।
失礼いたします。	ल त लागे।(しつれいします को नम्र भाषा)
※ひまわり小学校	काल्पनिक प्राथमिक विद्यालय

〈読み物〉

経歴	क्यारियर, जीवनवृति
医学部	चिकित्सा विभाग
目指します I	लक्ष्य लिनु
進みます I	अगाडी बढ्नु (स्कुल पास भएर)
iPS 細胞	iPS सेल, कोषिका
開発しますⅢ	विकास गर्नु, सिर्जना गर्नु
マウス	माउस
ヒト	मानिस, मानव
受賞しますⅢ	पुरस्कार बाट सम्मानित हुन, पुरस्कार पाउनु
講演会	भाषण सभा
※山中伸弥	जापानी चिकित्सा वैज्ञानिक (१९६२－)
※ノーベル賞	नोबेल पुरस्कार

II. अनुवाद

वाक्यको संरचना

१. शाखा प्रमुख फर्किनुभैसक्यो ।
२. कम्पनीको प्रमुख फर्किनुभैसक्यो ।
३. बिभाग प्रमुख अमेरिकामा व्यापारिक यात्रामा जानुहुन्छ ।
४. एकछिन पर्खिनुहोस् ।

वाक्यको उदाहरण

१. यो पुस्तक पढ्नुभैसक्यो ?
......हजुर, पढिसकें ।
२. बिभाग प्रमुख कहाँ हुनुहुन्छ ?
......भर्खरै बाहिर जानुभयो ।
३. धेरै चलचित्र हेर्नुहुन्छ हो ?
......हो । कहिलेकाहिँ श्रीमतिसंग हेर्नजान्छु ।
४. ओगावा जीको छोरा साकुरा विश्वविद्यालयमा उत्तिर्ण भएको थाहापाउनुभयो ?
......छैन, थाहा थिएन ।
५. तपाईंको नाम के होला ?
......वाट्ट भन्छ ।
६. काम के गर्दै हुनुहुन्छ ?
......बैंकको कर्मचारी हो । एप्पल बैंकमा काम गर्दैछु ।
७. माचुमोतो बिभाग प्रमुख हुनुहुन्छ ?
......हजुर, यहाँको कोठामा हुनुहुन्छ । कृपया भित्र पाल्नुहोस् ।

संवाद

कृपया शिक्षकलाई भनिदिनुहोस्

शिक्षक: हजुर, हिमावारी प्राथमिक विद्यालय हो ।
क्लारा: शुभ प्रभात । ५ कक्षा २ सेक्सनको हान्स स्मिथको आमा बोल्दैछु, ईटोउ शिक्षक हुनुहुन्छ ?
शिक्षक: पुग्नुभएको छैन...... ।
क्लारा: त्यसोभए, ईटोउ शिक्षकलाई भनिदिन सक्नुहुन्छ...... ।
शिक्षक: हजुर, के होला ?
क्लारा: वास्तवमा हान्सलाई हिजो बेलुका ज्वरो आएको थियो, आज बिहान पनि ज्वरो घटेको छैन ।
शिक्षक: साह्रै गाह्रो भयो होला है ।
क्लारा: त्यहि भएकोले आज विद्यालय बिदा बसाउँछु, कृपया शिक्षकलाई भनिदिनुहोस् ।
शिक्षक: थाहा पाएँ । छिटो आराम मिलोस् भन्ने आशा गर्दछु ।
क्लारा: धन्यवाद । फोन राख्छु है ।

III. उपयोगी शब्द र जानकारी

季節(きせつ)の行事(ぎょうじ)　मौसम अनुसारको उत्सव र चाड

1月1日(がつついたち)～3日(みっか)

お正月(しょうがつ)　नयाँ बर्ष

१ बर्षको पहिलो दिन मनाउने चाड । मन्दिर वा देवालय गएर १ बर्षको स्वास्थ र खुशीको लागि प्राथना गर्नु ।

2月3日(がつみっか)ごろ

豆(まめ)まき　गेडागुडी छर्नेचाड

सेचुबुनको राति (जाडो महिनाको अन्तिम दिन, जापानी क्यालेन्डर अनुसार), मान्छेले कराउंदै “भुत बाहिर, खुशी भित्र” भनि भुटेको भटमास छर्नु ।

3月3日(がつみっか)

ひな祭(まつ)り
पुतली चाड

छोरी भएको घरको सबैजापानी हिना पुतली सजाएर राख्नु ।

5月5日(がついつか)

こどもの日(ひ)　बालकको दिन

बच्चाको स्वास्थ र बिकासको लागि मनाउनेचाड । मूलतः यस दिनमा केटा बच्चाको राम्रोको लागि मनाउंदछ । तर आजकल केटा र केटि दुबैको लागि मनाउंदछ ।

7月7日(がつなのか)

七夕(たなばた)　ताराको चाड

आकाश गंगाको पुर्वपश्चिमको किनारामा रहेको तारा अल्टेयर र तारा भेगा बर्षमा १ चोटि भेट्ने चीनको पौराणिक कथा ।

8月13日(がつにち)～15日(にち)

पुर्खाको आत्मालाई स्वागतगरी पूजा गर्ने बौध्द धर्मको एक कार्य । चिहानमा पुर्खालाई पुज्नु ।

お盆(ぼん)
बोन चाड

9月15日(がつにち)ごろ

お月見(つきみ)　चन्द्रमा हेर्नु

पुर्णिमाको दिन सुन्दर चन्द्रमा हेरेर रमाउनु ।

12月31日(がつにち)

大(おお)みそか　नयाँ बर्षको अघिल्लो रात

बर्षको अन्तिम दिन । सफागरी, ओसेचि खाना (नयाँ बर्षको बिषेश खाना) बनाई नयाँ बर्षको तयारी गर्नु । रातिको १२ बजे नजिकको मन्दिरबाट घन्टि बज्नु ।

IV. व्याकरण व्याख्या

१. 敬語 (आदरार्थी भाषा)

けいご ले श्रोता अथवा बिषयको व्यक्तिलाई आदर व्यक्त जनाउँने अभिव्यक्ति हो । आदररार्थी भाषा प्रयोग गर्ने नगर्ने भन्ने, बिपक्ष, बिषयको व्यक्ति, अवस्था अनुसार निर्णय गरिन्छ । मुख्यतया, (१) आफुभन्दा माथीको व्यक्ति, नचिन्ने व्यक्ति अथवा घुलमिल नभएको व्यक्तिसंग कुरा गर्दाखेरी, (२) आफुभन्दा माथीको व्यक्तिसंग कुरा गर्दाखेरी, (३) परिवर्तित अवस्थामा कुरा गर्दाखेरी जस्ता ठाउँमा प्रयोग गरिन्छ । यस पाठ ४९ मा そんけいご (सम्मानपूर्ण भाषा) को बारेमा अध्ययन गर्दछौं, पाठ ५० मा, けんじょうご (नम्र भाषा) को बारेमा अध्ययन गर्दछौं ।

२. 尊敬語 (सम्मानपूर्ण भाषा)

सम्मानपूर्ण भाषाले कार्य वा अवस्थाको मुख्य बिषयप्रति आदर व्यक्त गर्दछ ।

१) क्रिया

त्यस कार्य गर्ने व्यक्तिलाई आदर व्यक्त गर्दछ ।

(१) सम्मानपूर्ण क्रिया (मुख्य पुस्तक, पाठ ४९, अभ्यास A1 हेर्नुहोस्)

कर्मवाच्य क्रिया जस्तै स्वरुपमा, समूह II को क्रियासंग आबद्ध गरेर प्रयोग गरिन्छ ।

उदाहरणः かかれます　　かかれる　　かかれ(ない)　　かかれて

① 中村さんは 7時に 来られます。　　नाखामुरा जी ७ बजे आउनु हुन्छ ।

② お酒を やめられたんですか。　　रक्सी छोड्नु भएको हो ?

(२) おक्रियाますस्वरुप に なります

यस स्वरुपमा, साधारणतया, (१) को सम्मानपूर्ण क्रिया भन्दा विनम्र भएको मानिन्छ । みます, ねます इत्यादि, ますस्वरुपमा १ अक्षरको क्रिया र समूह III को क्रियामा यो स्वरुप छैन । तसर्थ, तलको (३) मा लेखिएको बिशेष सम्मानपूर्ण भाषा भएको क्रियाको अवस्थामा, त्यसलाई प्रयोग गरिन्छ ।

③ 社長は もう お帰りに なりました。　　अध्यक्ष जी फर्किनु भैसक्यो ।

(३) बिशेष सम्मानपूर्ण भाषा (मुख्य पुस्तक, पाठ ४९, अभ्यास A4 हेर्नुहोस्)

केहि क्रियामा विशेष सम्मानपूर्ण भाषा हुन्छन् । (२) मा जस्तै आदर व्यक्त जनाउँदछ ।

④ ワット先生は 研究室に いらっしゃいます。
वाट्ट शिक्षक प्रयोगशालामा हुनुहुन्छ ।

⑤ どうぞ 召し上がって ください。　　कृपया खाना खानुहोस् ।

[सावधानी १] いらっしゃいます (शब्दकोश स्वरुपः いらっしゃる), なさいます (शब्दकोश स्वरुपः なさる), くださいます (शब्दकोश स्वरुपः くださる), おっしゃいます (शब्दकोश स्वरुपः おっしゃる) मा समूह I को क्रिया छन् तर, प्रयोग गर्ने बेला ध्यान दिनुहोस् ।

उदाहरणः いらっしゃいます(×いらっしゃります)　　いらっしゃる
いらっしゃらない　　いらっしゃった　　いらっしゃらなかった

(४) お／ご～ ください

यस वाक्य संरचनामा, क्रिया てस्वरुप ください (पाठ १४ हेर्नुहोस्) को सम्मानपुर्णको स्वरुप छन् । समूह I र समूह II को क्रियामा, お क्रियाますस्वरुप ください, समूह III को क्रिया (संज्ञाします) मा ごसंज्ञा ください को स्वरुपमा हुन्छ ।

⑥　どうぞ お入（はい）り ください。　　　　कृपया भित्र आउनुहोस् ।

⑦　忘（わす）れ物（もの）に ご注意（ちゅうい） ください。　　सरसामान नबिर्सनको लागि ध्यान दिनुहोस् ।

みます, ねます इत्यादि, ます स्वरुपमा १ अक्षरको क्रियामा यस स्वरुपको प्रयोग गरिंदैन । माथीको (३) मा लेखिएका बिशेष सम्मानपूर्ण भाषा भएको क्रियाको अवस्थामा, बिशेष सम्मानपूर्ण भाषाको て स्वरुप ください को स्वरुपको प्रयोग गरिन्छ ।

⑧　また いらっしゃって ください。　　　　कृपया फेरी आउनुहोस् ।

२)　संज्ञा, विशेषण, क्रियाविशेषण

संज्ञा, विशेषण र क्रिया विशेषण, क्रियाविशेषणमा お अथवा ご लाई जोडेर, त्यस संज्ञाको प्रयोगकर्ता अथवा, त्यसको अवस्थामा रहेको व्यक्तिलाई आदर व्यक्त गरिन्छ । お र ご को कुन प्रयोग हुन्छ भन्ने शब्द अनुसार निर्णय गरिन्छ । साधारणतया お लाई जापानी भाषा बिशेष शब्दमा भने, ご लाई चिँनिया भाषाबाट आएका शब्दमा धेरै जसो जोडिएका हुन्छन् ।

お जोडिएको शब्दको उदाहरण		ご जोडिएको शब्दको उदाहरण	
संज्ञा	お国（くに）, お名前（なまえ）, お仕事（しごと） お約束（やくそく）, お電話（でんわ）	संज्ञा	ご家族（かぞく）, ご意見（いけん）, ご旅行（りょこう）
な विशेषण	お元気（げんき）, お上手（じょうず）, お暇（ひま）	な विशेषण	ご熱心（ねっしん）, ご親切（しんせつ）
い विशेषण	お忙（いそが）しい, お若（わか）い	क्रियाविशेषण	ご自由（じゆう）に

[सावधानी २] けいご को प्रयोग गर्ने बेला, क्रिया मात्र नभई, त्यस वाक्यमा प्रयोग हुने अन्य शब्दमा पनि आदररार्थी भाषा धेरै जसो प्रयोग गरिएको हुन्छ ।

⑨　部長（ぶちょう）の 奥様（おくさま）も ごいっしょに ゴルフに 行（い）かれます。
　　बिभाग प्रमुखको श्रीमती पनि संगै गल्फ जानुहुन्छ ।

३.　आदररार्थी भाषा र वाक्य शैली

बिषयको व्यक्तिलाई बोल्दा आदर व्यक्त गरिन्छ तर, श्रोतालाई आदर व्यक्त गर्न आवश्यक नभएको बेला, ⑩ को जस्तो, けいご मा सामान्य शैलीको वाक्यको प्रयोग गरिन्छ ।

⑩　部長（ぶちょう）は 何時（なんじ）に いらっしゃる?　　बिभाग प्रमुख कति बजे आउनु हुन्छ ?

४.　～まして

विनम्र रुपमा कुरा गर्न चाहेको अवस्थामा, क्रिया て स्वरुपलाई क्रिया ます स्वरुप まして को स्वरुपमा परिवर्तन गरिन्छ ।

⑪　ハンスが ゆうべ 熱（ねつ）を 出（だ）しまして、けさも まだ 下（さ）がらないんです。
　　हान्सलाई हिजो बेलुका ज्वरो आएको थियो, आज बिहान पनि घटेको छैन ।

५.　～ますので

सामान्य स्वरुप ので ले अझ बढी विनम्र गर्न मन लागेको अवस्थामा, विनम्र स्वरुप ので को प्रयोग गरिन्छ ।

⑫　きょうは 学校（がっこう）を 休（やす）ませますので、先生（せんせい）に よろしく お伝（つた）え ください。
　　आज विद्यालय बिदा गराउने भएकोले, शिक्षकलाई भनिदिनु होला ।

पाठ ५०

I. शब्दावली

まいりますI	参ります	जानु, आउनु (いきます, きます को नम्र भाषा)
おりますI		हुनु, बस्नु (います को नम्र भाषा)
いただきますI		खानु, पिउनु, पाउनु (たべます, のみます, もらいます को नम्र भाषा)
もうしますI	申します	भन्नु, (नाम) ～भन्छन (いいます को नम्र भाषा)
いたしますI		गर्नु (します को नम्र भाषा)
はいけんしますⅢ	拝見します	हेर्नु (みます को नम्र भाषा)
ぞんじますⅡ	存じます	थाहा हुनु (しります को नम्र भाषा)
うかがいますI	伺います	सोध्नु, सुन्नु, जानु (ききます, いきます को नम्र भाषा)
おめに かかりますI	お目に かかります	भेट्नु (あいます को नम्र भाषा)
いれますⅡ [コーヒーを～]		बनाउनु, हाल्नु [कफी～]
よういしますⅢ	用意します	तयार गर्नु
わたくし	私	म (わたし को नम्र भाषा)
ガイド		गाइड
メールアドレス		ईमेल ठेगाना
スケジュール		तालिका, अनुसुची
さらいしゅう*	さ来週	दुई हप्ता पछि
さらいげつ	さ来月	दुई महिना पछि
さらいねん*	さ来年	दुई वर्ष पछि
はじめに	初めに	प्रथममा
※江戸東京博物館		यदो टोकियो संग्रहालय

〈会話〉

緊張 します Ⅲ	तनाव हुनु, आत्तिनु
賞金	इनाम
きりん	जिराफ
ころ	बेला, काल
かないます Ⅰ ［夢が～］	सफल हुनु [सपना～]
応援 します Ⅲ	समर्थन गर्नु, सहयोग गर्नु
心 から	हृदय बाट
感謝 します Ⅲ	कृतज्ञता व्यक्त गर्नु, धन्यवाद दिनु

〈読み物〉

お礼	आभार, धन्यवाद
お元気で いらっしゃいますか。	सन्चै हुनुहुन्छ ? (おげんきですか को सम्मानपुर्ण भाषा)
迷惑を かけます Ⅱ	चिढाउने कुरो गर्नु, कष्ट हुने कार्य गर्नु
生かします Ⅰ	प्रयोग गर्नु
※ミュンヘン	म्युनिख (जर्मनमा)

50

II. अनुवाद

वाक्यको संरचना

१. यस महिनाको कार्यतालिका पठाउँछु ।
२. भोली ३ बजे आउँछु ।
३. म अमेरिकाबाट आएको हुँ ।

वाक्यको उदाहरण

50

१. गह्रौं जस्तो छ । मैले बोकिदिंदा हुन्छ ?
......हुन्छ । धन्यवाद ।
२. गाइड जी, यहाँ हेरीसकेपछि, कहाँ जाने हो ?
......यदो टोकियो संग्राहलयमा गाइड गर्छु ।
३. गुप्ता जी २ बजे पुग्नुहुन्छ । कसले लिन जानुहुन्छ ?
......हजुर, म जान्छु ।
४. एकचोटि तपाईंको टिकेट हेर्छु ।
......हुन्छ ।
धन्यवाद ।
५. उहाँ मिलर जी हुनुहुन्छ ।
......नमस्ते, म मिलर हो ।
भेटेर खुशी लाग्यो ।
६. परिवार कहाँ हुनुहुन्छ ?
......न्युयोर्कमा हुनुहुन्छ ।

संवाद

मनैदेखि कृतज्ञता व्यक्त गर्न चाहन्छु

उद्घोषक: जित्नुभएकोमा बधाई छ ।
धेरै राम्रो भाषण थियो ।
मिलर: धन्यवाद ।
उद्घोषक: मन अस्थिर भएको थियो ?
मिलर: हजुर, मन एकदम अस्थिर भएको थियो ।
उद्घोषक: अभ्यास गाह्रो भएको थियो ?
मिलर: हजुर । व्यस्त भएर, अभ्यास गर्ने समय भएन ।
उद्घोषक: पुरस्कार के मा प्रयोग गर्नुहुन्छ ?
मिलर: अँ, मलाई जनावर मनपर्ने भएकोले, बच्चाबेला देखि अफ्रिका जाने सपना थियो ।
उद्घोषक: त्यसोभए, अफ्रिका जानुहुन्छ ?
मिलर: हजुर, अफ्रिका प्रकृति भित्रको जिराफ वा हात्ति हेर्ने विचार छ ।
उद्घोषक: बच्चाबेलाको सपना पुरा हनेभयो ।
मिलर: हजुर, खुशी छु ।
सहयोग गर्नु भएको सबैलाई मनैदेखि कृतज्ञता व्यक्त गर्न चाहन्छु ।
धन्यवाद ।

III. उपयोगी शब्द र जानकारी

封筒・はがきのあて名の書き方　खाम र पोष्टकार्डमा ठेगाना लेख्ने तरिका

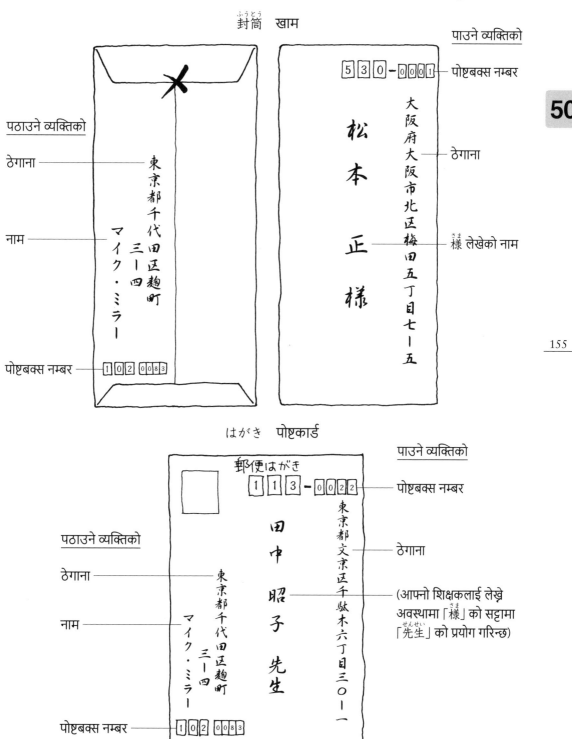

封筒　खाम

पाउने व्यक्तिको

5 3 0 - 0 0 0 1 ── पोष्टबक्स नम्बर

大阪府大阪市北区梅田五丁目七─五 ── ठेगाना

松本正様 ── 様 लेखेको नाम

पठाउने व्यक्तिको

ठेगाना ──

नाम ──

東京都千代田区麹町三─四　マイク・ミラー

पोष्टबक्स नम्बर ── 1 0 2 0 0 8 3

はがき　पोष्टकार्ड

郵便はがき

पाउने व्यक्तिको

1 1 3 - 0 0 2 2 ── पोष्टबक्स नम्बर

東京都文京区千駄木六丁目三〇─一 ── ठेगाना

(आफ्नो शिक्षकलाई लेख्ने अवस्थामा 「様」 को सट्टामा 「先生」 को प्रयोग गरिन्छ)

田中昭子先生

पठाउने व्यक्तिको

ठेगाना ──

नाम ──

東京都千代田区麹町三─四　マイク・ミラー

पोष्टबक्स नम्बर ── 1 0 2 0 0 8 3

IV. व्याकरण व्याख्या

१. 謙譲語 I (नम्र भाषा I (क्रिया))

नम्र भाषा I भनेको, वक्ता अथवा वक्तापक्षको व्यक्तिको कार्यतिर फर्कि बिपक्ष वा बिपक्षको व्यक्तिलाई आदर व्यक्त गर्नको लागि, वक्ता अथवा वक्तापक्षको व्यक्तिको कार्यलाई तल पारेर बयान गर्ने प्रस्तुति हो ।

१) お／ご～します

(१) おक्रिया (समूह I र II) ますस्वरुपします

① 重そうですね。お持ちしましょうか。

गह्रौं जस्तो छ । मैले बोकिदिंदा हुन्छ ?

② 私が 社長に スケジュールを お知らせします。

मैले अध्यक्षलाई कार्यतालिकाको जानकारी दिन्छु ।

③ 兄が 車で お送りします。

दाइले गाडीबाट पुर्याइदिनु हुन्छ ।

① मा, (सामान) बोक्ने व्यक्ति (सामानको मालिक, यस अवस्थामा श्रोता) लाई, ② मा, 「जानकारी दिनु」 भन्ने कार्यलाई तिर फर्केको 「अध्यक्ष」 लाई, ③ मा गाडीले पुर्याइदिने बिपक्ष (यस अवस्थामा श्रोता) लाई, वक्ताको आदर व्यक्त जनाइएको छ । साथै, यस स्वरुपमा, みます, います को जस्तो, ますस्वरुपमा १ अक्षरको क्रियामा प्रयोग गर्न सकिंदैन ।

(२) ごक्रिया (समूह III)

④ 江戸東京博物館へ ご案内します。

यदो टोकियो संग्रहालयको मार्गदर्शन गर्दछु ।

⑤ きょうの 予定を ご説明します。

आजको योजनाको बारेमा बयान गर्दछु ।

यस स्वरुपमा समूह III को क्रियामा प्रयोग गरिन्छ । माथीको उदाहरणको क्रिया बाहेक अन्यमा, しょうかいします, しょうたいします, そうだんします, れんらくします इत्यादि छन् । तथापी, でんわします, やくそくします इत्यादि अपवादको रुपमा, ご नभई お जोडिन्छ ।

२) बिशेष नम्र भाषा (मुख्य पुस्तक, पाठ ५०, अभ्यास A3 हेर्नुहोस्)

कुनै क्रियामा बिशेष नम्र भाषा बोकेको हुन्छ ।

⑥ 社長の 奥様に お目に かかりました。

अध्यक्षको श्रीमतीलाई भेटें ।

⑦ あしたは だれが 手伝いに 来て くれますか。

…… 私が 伺います。

भोली कसले सहयोग गर्न आउनुहुन्छ ?

......म आउँछु

२. 謙譲語(けんじょうご) Ⅱ (नम्र भाषा Ⅱ (क्रिया))

वक्ता अथवा वक्तापक्षको व्यक्तिको कार्यले, बिपक्षलाई विनम्ररुपमा बयान गरी भन्ने तरिका ।

⑧ 私(わたくし)は ミラーと 申(もう)します。　　म मिलर बोल्दै छु ।

⑨ アメリカから 参(まい)りました。　　अमेरिकाबाट आएको हो ।

⑧ मा いいます को सट्टामा もうします, ⑨ मा きました को सट्टामा まいりました प्रयोग गरी, वक्ताले आफ्नो कार्य बिपक्षलाई विनम्र रुपमा बयान गरिन्छ ।
यस प्रकारका नम्र भाषामा, अन्य, いたします, [～て] おります इत्यादि पनि छन् ।

監修　निरिक्षक
鶴尾能子（चुरुओ योसिको）　石沢弘子（ईसिजावा हिरोको）

執筆協力　योगदान
田中よね（तानाखा योने）　澤田幸子（सावादा साचिको）　重川明美（सिगेखावा आकेमि）
牧野昭子（माकिनो आकिको）　御子神慶子（मिकोगामि केईको）

ネパール語翻訳　नेपाली भाषा अनुवादक
महर्जन अमिता

本文イラスト　मुख्य पाठ दृष्टान्त
向井直子（मुखाइ नाओको）　山本和香（यामामोतो वाखा）　佐藤夏枝（सातोउ नाचुए）

装丁・本文デザイン　आवरण र पुस्तकको खाका
山田武（यामादा ताकेसी）

みんなの日本語　初級Ⅱ　第2版
翻訳・文法解説　ネパール語版

2024年3月11日　初版第1刷発行
2024年9月27日　第 3 刷 発 行

編著者　スリーエーネットワーク
発行者　藤嵜政子
発　行　株式会社スリーエーネットワーク
〒102-0083　東京都千代田区麹町3丁目4番
トラスティ麹町ビル2F
電話　営業　03(5275)2722
編集　03(5275)2725
https://www.3anet.co.jp/
印　刷　萩原印刷株式会社

ISBN978-4-88319-945-7 C0081

みんなの日本語シリーズ

みんなの日本語 初級I 第2版

- 本冊(CD付) ················· 2,750円(税込)
- 本冊 ローマ字版(CD付) ···· 2,750円(税込)
- 翻訳・文法解説 ·········· 各2,200円(税込)
  英語版／ローマ字版【英語】／中国語版／韓国語版／
  ドイツ語版／スペイン語版／ポルトガル語版／
  ベトナム語版／イタリア語版／フランス語版／
  ロシア語版(新版)／タイ語版／インドネシア語版／
  ビルマ語版／シンハラ語版／ネパール語版
- 教え方の手引き ··············· 3,080円(税込)
- 初級で読めるトピック25 ···· 1,540円(税込)
- 聴解タスク25 ················· 2,200円(税込)
- 標準問題集 ···················· 990円(税込)
- 漢字 英語版 ················· 1,980円(税込)
- 漢字 ベトナム語版 ··········· 1,980円(税込)
- 漢字練習帳 ···················· 990円(税込)
- 書いて覚える文型練習帳 ···· 1,430円(税込)
- 導入・練習イラスト集 ········ 2,420円(税込)
- CD 5枚セット ················ 8,800円(税込)
- 会話DVD ···················· 8,800円(税込)
- 会話DVD　PAL方式 ······ 8,800円(税込)
- 絵教材CD-ROMブック ···· 3,300円(税込)

みんなの日本語 初級II 第2版

- 本冊(CD付) ················· 2,750円(税込)
- 翻訳・文法解説 ·········· 各2,200円(税込)
  英語版／中国語版／韓国語版／ドイツ語版／
  スペイン語版／ポルトガル語版／ベトナム語版／
  イタリア語版／フランス語版／ロシア語版(新版)／
  タイ語版／インドネシア語版／ビルマ語版／
  ネパール語版
- 教え方の手引き ··············· 3,080円(税込)

- 初級で読めるトピック25 ···· 1,540円(税込)
- 聴解タスク25 ················· 2,640円(税込)
- 標準問題集 ···················· 990円(税込)
- 漢字 英語版 ················· 1,980円(税込)
- 漢字 ベトナム語版 ··········· 1,980円(税込)
- 漢字練習帳 ··················· 1,320円(税込)
- 書いて覚える文型練習帳 ···· 1,430円(税込)
- 導入・練習イラスト集 ········ 2,640円(税込)
- CD 5枚セット ················ 8,800円(税込)
- 会話DVD ···················· 8,800円(税込)
- 会話DVD　PAL方式 ······ 8,800円(税込)
- 絵教材CD-ROMブック ···· 3,300円(税込)

みんなの日本語 初級 第2版

- やさしい作文 ················· 1,320円(税込)

みんなの日本語 中級I

- 本冊(CD付) ················· 3,080円(税込)
- 翻訳・文法解説 ·········· 各1,760円(税込)
  英語版／中国語版／韓国語版／ドイツ語版／
  スペイン語版／ポルトガル語版／フランス語版／
  ベトナム語版
- 教え方の手引き ··············· 2,750円(税込)
- 標準問題集 ···················· 990円(税込)
- くり返して覚える単語帳 ······ 990円(税込)

みんなの日本語 中級II

- 本冊(CD付) ················· 3,080円(税込)
- 翻訳・文法解説 ·········· 各1,980円(税込)
  英語版／中国語版／韓国語版／ドイツ語版／
  スペイン語版／ポルトガル語版／フランス語版／
  ベトナム語版
- 教え方の手引き ··············· 2,750円(税込)
- 標準問題集 ···················· 990円(税込)
- くり返して覚える単語帳 ······ 990円(税込)

- 小説 ミラーさん
  　―みんなの日本語初級シリーズ―
- 小説 ミラーさんII
  　―みんなの日本語初級シリーズ―
  　················· 各1,100円(税込)

スリーエーネットワーク

ウェブサイトで新刊や日本語セミナーをご案内しております。
https://www.3anet.co.jp/